(Spötter) Die es fur eitel narheit halten/was Gott redet vnd thut.

b (Gerichte) Das ist/sie werden weder ampt haben/ noch sonst jnn der Christen gemeine bleiben/ ja sie verweben sich selb/wie die sprew vom korn

...m der nicht wandelt im rat der Gottlosen/noch trit auff den weg der sünder/Noch sitzt da die Spötter sitzen.

Sondern hat lust zum Gesetz des HERRN/Vnd redet von seinem Gesetze tag vnd nacht.

Der ist wie ein bawm gepflantzet an den wasserbechen/der seine frucht bringet zu seiner zeit/Vnd seine bletter verwelcken nicht/vnd was er machet/das gerett wol.

Aber so sind die Gottlosen nicht/Sondern wie sprew/die der wind verstrewet.

Darumb bleiben die Gottlosen nicht im b gerichte/noch die sunder jnn der Gemeine der gerechten.

Denn der HERR kennet den weg der gerechten/Aber der gotlosen weg vergehet.

Leben bist du

Kurt Wolff

Leben bist du

Die Psalmen persönlich genommen

150 „einseitige“ Texte

Aussaat

Typographie, Textorganisation und Einband unter
Verwendung eines textilen Objekts der Werkstatt
für evangelische Paramentik Kaiserswerth
Kurt Wolff, Düsseldorf-Kaiserswerth
Vorsatzpapiere nach Luther-Bibel 1534
Gesamtherstellung: Contzen, Lünen
Printed in Germany
ISBN 3-7615-5603-9

Die Vorsatzpapiere geben den 1. und den 150. Psalm
aus der ersten vollständigen Lutherbibel von 1543 wieder,
„gedruckt zu Wittenberg durch Hans Lufft".
Diese Übersetzung war eine Voraussetzung, um die Psalmen
unter den Christen in den deutschen Gemeinden heimisch
zu machen.

Vorwort

Die Psalmen sind Weltliteratur.
das waren sie immer
und blieben es unbestritten bis heute.
Immer aber waren für die christliche Gemeinde
und den Beter die Psalmen eine Schule.
Zu allen Zeiten wurden Psalmen nachgedichtet
und mit der jeweils gegenwärtigen Sprache
nachgesprochen und weitergesagt
oder auch weitergesungen,
so wie Psalmen stets weitergesungen wurden.
Die einseitigen Texte dieses Buches
sind keine Psalmenauslegungen,
obwohl die neuere theologische Literatur
herangezogen und in den Formulierungen
behutsam berücksichtigt wurde.
So entstanden gelegentlich auch Antitexte.
Diese gebundenen Texte sind keine Lieder
und nicht mit Nachdichtungen zu verwechseln.
Sie greifen häufig nur einen Gedanken auf.
Dem Bibeltext versuchen sie
im nachdenkenden Gespräch näherzukommen.
Sie möchten aufspüren, ob die Sprache
der Psalmen, festgehalten um die Mitte
des letzten Jahrtausends vor Christus,
und unsere Sprache am Endc
des zweiten nachchristlichen Jahrtausends
den einen gleichen oder auch denselben
immer gegenwärtigen Gott benennen.
Diese Gespräche mit Gott wollen
die Psalmen in der Bibel nicht ersetzen.
Die Leser und Beter sollen vielmehr
ermuntert werden, die Psalmen
mit dem Wortlaut in der Bibel zu vergleichen
und auf weitere Aussagen hin zu prüfen.

Inhalt

Stichworte

1

Glücklich der Mensch,
der weiß, wohin er gehört,
der sein Heil nicht allein
in der Karriere sucht,
der nicht spöttisch fragt:
Sollte Gott gesagt haben...?
Bei denen, die tun, was sie wollen,
die Unmenschliches verlangen,
nur weil es möglich und machbar ist,
ist sein Platz nicht.
Glücklich der Mensch,
der dich, Gott, beständig lernt,
der Lust auf deine Weisung hat und sagt:
Du bist der Eine, du sprichst,
und also geschieht es.
Wie ein Baum, am Wasser gepflanzt,
wächst er und blüht und grünt
und trägt Früchte,
wenn die Zeit dazu gekommen ist.
Glücklich der Mensch.
So lebt der nicht, der ohne Gott lebt,
und der nicht, der dich nie kennenlernte,
und nicht der Mensch,
der Spreu für Weizen ausgibt.
Den Weg der Gerechten, mein Gott,
hast du gekennzeichnet.
Der Selbstgerechten Spur aber
verläuft sich und versandet.

Heute lacht Gott

2

Kriege toben –
warum nur, warum?
Könige und Völkerfürsten halten Rat,
verbünden sich murrend oder
zerreißen alte, enge Bindungen.
Sie lehnen sich gegen Gott auf,
der aber über sie lacht.
Er spottet über die Weltmächtigen,
die ratschlagen, wie die Friedensbotschaft
des Sohnes nach Gottes Willen
ein für alle Mal zunichte zu machen sei.
Er lacht über sie.
Gott lacht heute noch immer
und spottet über die, die vorgeben
nachzusinnen und die doch nur
den eigenen Vorteil vor Augen haben.
Gott aber, der immer heute lacht,
der stets königlich redet und handelt,
zerschlägt ihre Ratschläge wie Tongeschirr.
Und die Scherben rufen:
Hört auf ihn und seid verständig.
Fürchtet ihn, wenn ihr regieren wollt,
damit die wieder lachen können,
die nichts zu lachen haben.
Hört ihn und den Sohn an seiner Seite.
Laßt euch warnen, ihr Richter,
damit Verspottete zu ihrem Recht kommen.
Gelassen können die sein,
die verständig sind und ihm vertrauen.
Sie können mit Gott lachen.

3

Hilf mir, mein Gott, hilf mir.
Feinde habe ich nicht,
die ich Feinde nennen könnte.
Aber die Masse macht mir angst,
die Menge der Menschen,
denen ich gleichgültig bin,
die mir meine Ehre nehmen,
die grußlos an mir vorüberhasten,
die kein Sterbenswort an mich richten,
die mit den Achseln zucken
und bei sich denken:
Soll Gott ihm doch helfen,
der ihn anscheinend im Stich läßt.
Soll Gott ihn doch an die Hand nehmen,
wenn er denn Hände hat.
Hilf mir, mein Gott, hilf mir.
Du allein bist mein Schutz
im Alltag, der so feindlich ist,
im Unfrieden der Völker,
die ihr Land und sich selbst zerstören.
Du richtest mich hoch auf.
So kann ich denen in die Augen sehen,
die mich übersehen wollen,
denn du übersiehst mich nicht.
So kann ich denen zuhören,
die mich überhören,
denn du überhörst mich nicht.
Ich überlasse mich dir.
Hilf mir, mein Gott, hilf mir.
Deine Kraft ist nicht hilflos.

Geborgen in deinem Schutz

4

Keine Ruhe, kein Friede.
Ich liege und schlafe nicht.
Ich habe Angst
und doch Pläne für hundert Jahre.
Ich liege und wälze mich
von einer Seite auf die andere.
Doch die Seiten des kommenden Tages
ordnen sich nicht.
Wünsche sind auf ihnen kaum noch lesbar,
so überschrieben und durchkreuzt sind sie
von den Ungerechtigkeiten der Welt.
Deren Herren haben die Eitelkeit lieb,
Lüge gehört zu ihnen
wie der untadelige Anzug.
Sie regen sich über kleine Leute auf
und sinnen, wie Recht umzubiegen sei,
das sie doch zurechtrücken sollen.
Das, Herr, stellst du her.
Darauf vertraue ich.
Deine Gerechtigkeit gilt,
deren Maßstab kein maßloser Besitz ist.
Der Schlaf holt mich ein.
Geborgen in deinem Schutz
finde ich den Frieden,
der den kommenden Tag ordnet
und mich sicher wohnen läßt.

Ausgelassen vor Freude

5

Mein Gott, hör mich an.
In der Frühe, noch bevor es tagt,
noch bevor alltägliche Aufgaben
ihr Recht fordern, beanspruche ich,
daß du mir gerecht wirst,
wünsche ich, daß du mir zuhörst.
Dein Bund mit mir gibt mir dazu das Recht.
Ich weiß, ich bedränge dich.
Mehr als die Zeitung mir zusetzt,
setze ich dir zu.
Gottlose und Böse gefallen dir nicht.
Ruhmredigen und Übermütigen
widmest du keinen Atemzug.
Lügner, Blutdürstige und Falsche
läßt du in Archivakten verrotten.
Du aber, Gott, segne mich,
nicht weil ich besser bin
als alle, von denen ich lese,
nicht besser als die Ränkeschmiede,
nicht verläßlicher
als die mit den glatten Zungen,
nicht duldsamer als die Widerspenstigen.
Decke mich mit deiner Gnade,
bevor du rechtskraftig urteilst.
Vor Unwettern beschirmst du mich.
Ununterbrochen
sollen jubeln, die dich lieben,
ausgelassen vor Freude
sollen sie sein.

6

An den Rand des Grabes
brachte mich die Krankheit,
an den Rand der Verzweiflung auch.
Erschöpft bin ich vom Weinen.
Die Tränen kann ich nicht halten.
Die Schmerzen lindert der Arzt,
aber die Seele ist wund.
Mein Blick ist getrübt von Sorgen.
Klar zu denken fällt mir schwer.
Ich sehe Gespenster, wo keine sind.
Sie sollen umkehren,
mich nicht erschrecken.
Mein Gott, bleibe mein Gott.
Es straft mich nicht dein Zorn,
es schlägt mich nicht dein Grimm.
Mein eigener Leib
macht mir zu schaffen.
Meine wunde Seele ist tief erschrocken.
Wie lange noch, wie lange?
Schon längst bin ich am Ende.
Mein Gott, heile meinen Geist.
Ich brauche deine Hilfe.
Mein Gott, ich brauche dein Ohr,
damit du mein Gebet hörst,
damit du erkennst,
daß ich todesnah hinfällig bin.
Mein Gott, ich brauche dich.
Eine Scheidung von dir wäre mein Tod.
Doch du bist Leben.

7

Gott ... du, der du bist,
ich kann mich nicht
auf meine Gerechtigkeit berufen,
auf meine Vortrefflichkeit.
Meine Ungerechtigkeit,
die mir täglich zu schaffen macht,
steht mir im Weg, sie hindert mich,
die Ungerechtigkeit anderer zu benennen.
Ich will deinen Zorn nicht auf sie
herabbeschwören und mich rechtfertigen.
Wer will denn sagen, er sei gerecht,
weil er keinem Freund Böses tat,
weil kein Unrecht an seinen Händen klebt,
weil er niemanden beraubte
oder grundlos bedrängte?
Gott ... du, der du bist,
ich will mich nicht selbst rechtfertigen.
Du allein wirst mir gerecht.
Nicht ich grabe eine Grube, in die
hineinstürzen sollen, die mir Unheil bringen.
Du gräbst selbst die Grube,
in die du meine Ungerechtigkeit stürzt,
meine Unduldsamkeit
samt der Lüge und dem Frevel.
So stehe ich endlich gerechtfertigt vor dir,
der mich befreit,
der mir Recht zusagt und mir hilft,
Unrecht zu erkennen
und zu benennen.
Gott ... du, der du bist,
ich will dich preisen, der allein gerecht ist,
will singen dem Namen der Namen.

Wer sind wir denn

8

Herr, unser Herrscher,
du bist hoch zu loben.
Du hast den Himmel geschaffen
und die Erde dazu.
Wir aber, deine Geschöpfe, maßen uns an,
dich verabschieden zu können,
dich aufs Altenteil zu entlassen,
dich, der dem Himmel, den niemand ausmißt,
seinen Glanz verlieh.
Niemand kann seine Lichtfülle ertragen,
niemand seine Tiefe ergründen.
Wer sind wir denn, wir,
die schon über lästigem Kindergeschrei
das Wunder der Geburt vergessen,
deiner Schöpfung stets neues Wunder.
Du bist so groß,
daß alle Herrlichkeit der Welt
sich in einem Kind spiegeln kann.
Du bist so mächtig,
daß alle Macht der Welt
vor einem Kind in die Knie gehen wird.
Was sind wir für Geschöpfe,
was ist der Mensch?
Es fehlt nur wenig, und er wäre Gott.
Gott aber bewahre uns davor,
Gott sein zu wollen.
Laß uns vielmehr Kinder werden.
Gott, du, dessen Name Name ist,
wie herrlich wirkst du!

Steh auf, Herr

9

Die Völker sollen erkennen,
daß sie Menschen sind,
Völker, die selbst in die Grube stürzen,
schon für andere geschaufelt,
Völker, deren Füße sich im Netz verfangen.
Stolpernd fallen sie aufs Gesicht
und sehen nicht mehr,
wer sie so mit Blindheit schlug.
Du bist der Herr,
dessen wunderbare Taten wir erlebten,
die niemand von A bis Z
erzählen und aufschreiben kann,
Wunder, die kaum zu buchstabieren sind.
Also bleibt uns nur, überglücklich
zu jauchzen, zu singen und zu hoffen,
die Völker möchten
die Menschlichkeit entdecken.
Steh auf, Herr, und laß sie
nicht trotzig, nicht übermütig werden.
Steh auf, Herr, sei nicht abwesend,
damit die kein leichtes Spiel mit uns haben,
die leichtfertig sagen,
es gibt keinen Gott,
damit Hochnäsige und Brutale
die Schwachen nicht hinterlistig täuschen.
Steh auf, Herr, erhebe deine Hand,
damit die Völker erkennen,
daß sie gottvergessene,
doch gottgewollte Menschen sind.
Du hörst die Bitten der Armen,
den Unterdrückten gibst du
ihr Recht.

10

Warum
verbirgst du dich,
warum bist du uns fern,
der du der König bist,
der Herr über die Könige dieser Welt
und über die, die sich dafür halten?
Du bist der Mächtige,
der für die Machtlosen eintritt.
Du bist der Menschliche,
der die Unmenschen
in ihre Schranken weist.
Du bleibst der Helfer,
der Schwachen und Hilflosen beisteht,
und Wunder sind deine Stärke.
Die Unmenschlichen aber,
die Machtbesessenen und Ausbeuter,
die nichts kennen als ihre Gier,
die nur auf Gewinn aus sind
und sich mit Profit segnen,
die denken, hochnäsig, wie sie sind,
Gott ...? den gibt es nicht,
der kann uns nichts anhaben,
unsere Pläne gelingen von Jahr zu Jahr.
Sie pfeifen auf Katastrophen,
und Gottes Urteil läßt sie kalt.
Du bist der König für immer.
Das Rufen der Armen findet dein Ohr,
und du stärkst ihren Mut.
Die Unterdrückten genießen das Recht.
Die Gewalt versiegt,
wo immer du Katastrophen
in Wunder wandelst.

11

Wie spitze Pfeile Bogensehnen
verlassen, werden Umfragen
als Nachrichten abgeschossen,
zu treffen, die sich an dich halten.
Sogenannte gesicherte Erhebungen
bohren sich wie schwirrende Geschosse in uns,
verletzen uns, machen uns unsicher,
sollen uns sagen:
Geht aus unserem Lebensbereich hinaus,
wo ihr nichts zu suchen habt,
aus der Politik, aus der Wirtschaft.
Geht in die Einsamkeit der Berge,
oder welche Fluchtstätten ihr sonst kennt,
in die künstlerische Vornehmheit
und Leere eurer Kirchen.
Flieht nach irgendwo, wie Vögel fliehen,
so sagen sie.
Ich aber suche Zuflucht bei dir.
Ich traue den Grundfesten deines Wortes.
Kein spitzer Pfeil soll sie verletzen.
Ich verlasse mich auf dein Grundgesetz:
'Ich bin der Herr, dein Gott.
Keinen anderen Göttern sollst du trauen.'
Auf dich kann ich mich verlassen.
Wo immer ich bin,
du verlierst mich nicht aus den Augen.
Rechtschaffene stellst du auf die Probe
und die Ungerechten auch.
Du hast Gerechtigkeit lieb.
Die Aufrichtigen werden dich sehen.

12

Hilf, Herr,
bergab geht es mit den Frommen,
aus ist es mit den Treuen unter uns,
die weniger und weniger werden.
Heuchlerisch betrügt jeder jeden,
wortgewaltig und aalglatt.
Hochstapler und Bauernfänger reden
scheinheilig daher und denken:
Wer kommt uns schon auf die Schliche,
wer liest schon Kleingedrucktes,
hinter dem wir uns verstecken?
Wir sind die Herren unserer selbst.
Hilf, Herr, und schreite ein.
Die kleinen Leute werden bedrängt,
ausgenutzt werden die Armen.
Hilf, Herr, steh auf,
damit niemand denkt, du seist abwesend.
Deine Worte sind kein leeres Gerede,
sie sind rein und geläutert,
geschmolzen im glühenden Tiegel
wie von Schlacken gereinigtes Silber.
Hilf, Herr, du hältst Wort.
Du bewahrst uns vor den Gottlosen,
die nur an sich selbst glauben
und nicht dich als Herrn anerkennen.
Hilf, Herr, denn die Gemeinheiten
vermehren sich zusehends.

Ich traue deiner Treue

13

Nicht wehleidig jammern will ich,
mein Gott, ich will nicht klagen.
Doch bin ich hilflos,
weil ich dich nicht sehe
und du mich scheinbar nicht wahrnimmst.
Ich frage nicht, ob es dich gibt,
doch frage ich dich, was du vorhast.
Wie lange willst du mich vergessen,
wie lange bleibst du unsichtbar?
Alles sehe ich, nur dich nicht.
Wie lange noch bleibe ich allein
mit meinen drückenden Sorgen, dem Kummer,
der sich in meinem Herzen festfrißt?
Wie lange ziehen die über mich her,
denen ich im Wege bin,
wie lange noch toben erbitterte Kriege?
Mein Gott, das alles
kann ich nur fragen, weil es dich gibt,
das alles sage ich und warte auf Antwort.
Mach meine Augen hell, zu sehen.
Laß mich die Zeit erkennen,
in der deine Stunde schlägt.
Ich traue deiner Treue und weiß,
daß du mich hörst und mir wohltust.
Ein Lied singe ich dir,
mein Gott, ich singe.

Der Tor sagt

14

Der Tor, der Unbelehrbare, sagt:
Gott ... den gibt es nicht.
Nie habe ich ihn gesehen,
nie seine Stimme gehört.
Nie spürte ich seine Hand,
nie fragte er nach mir.
Aber Gott, den es gibt, sagt:
Die so von mir sprechen, taugen nichts,
sie bringen nichts Gutes hervor,
sie sind unbelehrbar.
Gott behält seine Menschen im Auge.
Er will wissen, ob wir klug sind,
ob wir nach ihm fragen,
oder ob wir allesamt verdorben sind,
ob uns Gutes zu tun fremd wurde.
Er will wissen, ob einer antworten kann,
ob ein Mensch, ein einziger nur,
seine Prüfung besteht,
eine einzige nur ...?
So haben die Mächtigen keinen Verstand,
die Völker fressen wie Brot,
um sich vollzustopfen,
und für die Gott ein Fremdwort ist.
Gott ist auf der Seite
der Armen, der Gerechten und derer,
die um eine Hoffnung ärmer wurden.
Ach, daß doch Gottes Hilfe nie ausbliebe,
daß Gott die erlöste,
die zu ihm halten.

Wer kann vor dir bestehen?

15

Du, unser Gott,
du bist der Herr des Lebens,
in dem Recht und Gerechtigkeit wohnen,
wer kann vor dir bestehen?
Wer meine Gebote hält
und meinen menschlichen Weisungen folgt,
die vor Unmenschlichkeit bewahren,
der ist in meiner Nähe.
Wer aber kann diese Nähe ertragen,
für wen wird sie Leben sein,
volles, sattes Leben?
Die einfach sind und sich mühen,
die anderen gerecht werden
und sich aufrichtig
der eigenen Ungerechtigkeit bewußt sind,
die ihre Zunge beherrschen
und auf Gerede nichts geben,
die keine üble Nachrede verbreiten
und keinen Meineid schwören,
die nicht falsch daherreden
und solche achten,
die sich auf Gott verlassen,
die ihr Geld und ihre Macht nicht nutzen,
andere zu übervorteilen,
die nicht bestechen
und sich nicht bestechen lassen.
Wer so handelt,
wird sicher in sich ruhen.

Mein Glück ist groß

16

Bewahre mich, Gott,
behüte mich, beschütze mich.
Ich fliehe zu dir, weil ich dir traue
wie niemandem sonst,
fliehe aus der Unruhe in mir,
aus der Unrast des Alltags,
fliehe vor den grausamen Ängsten der Welt.
Die Machthaber, die Schrecken verbreiten
und Blut vergießen lassen,
die Grund und Boden zerstören
und dennoch Verehrung genießen,
verfehlen auf mich ihre Wirkung.
Denn du allein bist mein Eigentum.
Die Meßschnur deines Wortes hat mir
den Grund und Boden deiner neuen Welt
als mein Erbteil zugemessen.
Mein Glück ist groß, ich preise dich, Gott,
denn du hast mich gut beraten,
in deiner Nähe zu bleiben.
Des Tages Verrichtungen lasse ich
von dir ausmessen, und in der Nacht
schenkst du mir Gelassenheit,
wenn mich Gedanken an den Tod bedrängen,
der mir nichts anhaben wird.
Du hebst meinen Blick
aus dem Loch der Trauer.
Du führst mich auf den Weg des Lebens,
den Freude und Wonne herrlich säumen,
weil du an meiner Seite gehst.

17

Sie legen mir Steine in den Weg,
doch schuldig bin ich nicht.
Mein Gott, höre mein Klagen,
hör auf das, was ich zu sagen habe.
Ich beschönige nichts,
und verteufeln will ich niemanden.
Du magst selbst prüfen,
ob die Worte, die meinen Mund verlassen,
die Wahrheit sagen.
Unter deinen Augen ordnen sich
meine Gedanken und Gefühle,
meine Worte werden glaubwürdiger.
Alles, was ich in schlaflosen Nächten
unter deinen prüfenden Rückfragen
hin und her wälzte,
will ich gelassen aussprechen.
Du wirst es prüfen.
Ich will nicht vollmundig übertreiben,
denn ich hielt mich an dein Wort.
Nun, mein Gott, höre mir zu.
Wie deinen Augapfel behüte mich.
Weil du es wolltest, ging ich die Wege,
die du für mich vorgesehen hast.
Hol mich unter den Schutz deiner Flügel,
damit ich vor denen sicher bin,
die mir den Weg versperren,
die mir ein Bein stellen wollen,
damit ich zu Boden stürze.
Hebe mich auf,
damit ich, wie aus bösem Traum erwacht,
an deiner Gerechtigkeit
mich satt sehen kann.

18

Du bist der Herr,
du bist sicher wie ein Felsen.
Wie in einer Burg bin ich geborgen,
Schutz und zuverlässiger Ort bist du.
Nur so und kaum anders
ist die Kraft deiner Stärke
in einer Zeit zu benennen,
in der zuverlässige Orte selten werden,
in der Burgen Ruinen sind,
denkmalgeschützt und beliebte Ausflugsziele.
Mit dir kann ich über Mauern springen.
Mein Gott, an dir halte ich mich fest,
weil mich Todesangst umgibt.
Die Fluten des Entsetzens erschrecken mich,
und die Bilder lassen mich nicht los,
die mich täglich mit dem Grauen verbinden.
Doch Todesangst, Entsetzen und Not
lehren allein nicht beten.
Ich weiß, daß du Gott bist.
Du hörst und sprichst und handelst,
ziehst mich aus dem Wasser
und befreist mich von denen,
die mir Steine in den Weg legen.
Du bist meine Leuchte, mein Gott,
du machst meine Finsternis licht,
du schaffst meinen Schritten weiten Raum,
zum Stehen gibst du mir sicheren Grund.
Du bist der Herr, der lebt.
Ich vertraue deiner Gerechtigkeit,
die uns andere Menschen sehen lehrt,
damit wir ihnen gerecht werden.
In dieser unzuverlässigen Zeit
bist du der zuverlässige Ort.

Die nicht meßbaren Himmel

19

Noch immer
erzählen die Himmel
das Geheimnis der Herrlichkeit Gottes,
gerade weil noch kein Raumflug
seine Wohnung ausmachte.
Die Unendlichkeit der Räume berichtet
von Gottes unerschöpflicher Schöpferkraft,
deren Spuren Sonden und Teleskope
höchstens ahnen können,
Tag und Nacht reden miteinander.
Sie messen die vergehende Länge
menschlichen Lebens ohne Worte,
ohne vernehmbare Stimme.
Stumm setzt die Sonne den Tagen ihr Maß,
das uns staunen läßt.
Doch unbegreiflich strahlender
als die Sonne sind Gottes Weisungen.
Sie sind kostbarer als viel Gold
und süßer als geschleuderter Honig.
Sie machen die Augen leuchtend,
die Seele hell und erfreuen das Herz,
die Umschatteten sehen klar.
Gott, von dessen Herrlichkeit
die nicht meßbaren Himmel berichten,
Gott, dessen Lehre rein ist
und dessen Wort mich reinigt,
bewahre mich vor Selbstherrlichkeit,
damit ich nicht vermessen
die Tage meines Lebens versäume.
Du, mein Gott, du höre, was ich stammle
und was mein Herz denkt.

Gott erhöre dich

20

Gott erhöre dich in der Not,
ob du arm bist oder reich,
ob du ein Amt hast oder nicht,
er sende dir die Hilfe,
die du brauchst.
In seinem Gedächtnis wird er behalten,
was du getan hast,
was du gegeben hast
und was du aufgeben mußtest.
Er möge dir wieder anvertrauen,
was dein Herz begehrt.
Alle Pläne soll Gottes Segen begleiten.
Wenn er dir in bedrängenden Zeiten hilft,
freuen wir uns mit dir.
Wenn er dir beisteht,
wollen wir mit dir ein Fest feiern.
Mit dir wollen wir Gott danken,
weil er dich in der Not erhörte.
Ich habe erkannt, daß Gott dem hilft,
dem er helfen will.
Er setzt sich für die Bedrohten ein,
für die, denen keine Streitwagen,
keine Reiterei zur Verfügung stehen,
nicht die politische Macht
und kein schnelles Kapital.
Hilf, Herr, den Bedrängten,
hilf dem Aufrechten.
Du hörst, wenn wir rufen.

Ich freue mich wie ein König

21

Mein Gott,
ich freue mich wie ein König,
auch wenn ich kein König bin.
Ich freue mich und klage nicht.
Groß wie deine Macht ist deine Hilfe.
Wie eine Krone strahlt dein Segen.
Wie ein Kronreif aus reinem Gold
den König auszeichnet,
so kennzeichnet mich deine Güte.
Leben, langes Leben gabst du mir,
Leben, das deinen Segen weitergibt,
Abglanz deiner Herrlichkeit.
Mein Gott,
du überschüttest mich mit Hilfe,
nie erwarteter Hilfe.
Von meinem Mund lasest du Wünsche ab.
Unausgesprochene, geheime Träume,
kaum erhoffte, erfülltest du.
Nichts, was meinem Herzen wohltut,
hast du mir verweigert.
Alle Klagen überstrahlt die Freude
über dich, der Klagen
in Lachen wandeln kann.
Mein Gott,
mit aller Kraft will ich dich loben,
weil deine königliche Macht
meine Ohnmacht prächtig überhöht.
Singen wollen wir dir
und dich loben.

Mein Gott, mein Gott

22

Mein Gott, mein Gott,
warum hast du mich verlassen,
warum hast du dich so weit entfernt,
daß meine Stimme dich nicht erreicht?
Ich schreie mich heiser am Tage,
aber du antwortest nicht.
Ich rufe zu dir in der Nacht
und spüre nur die eigene Unruhe.
Mein Gott, warum
bist du so unerreichbar abwesend
und hüllst dich in Schweigen?
Aber ich weiß, daß du bist.
Ich weiß, daß lange Generationen
der Mütter und Väter dir vertrauten,
weil du geholfen hast,
wenn sie sich dir anvertrauten.
Ich jedoch wurde zum Gespött der Leute.
Na, hilft dir dein Gott? fragen sie.
Er mag dich doch, sagen sie,
er mag dir auch helfen, nicht wir.
Und sie lassen mich zurück.
Ich höre nicht auf, dich zu rufen.
Selbst wenn die Leute meinen Besitz
unter sich aufteilen wollten,
will ich dir vertrauen.
Ich will von dir erzählen, loben will ich dich,
denn auch in der Not bist du anwesend.
Ich will dich in der Gemeinde rühmen,
will denen, die nach mir kommen,
weitersagen, was du getan hast.
Mein Gott, du bist.

Stecken und Stab

Mein Gott, zuerst und zuletzt
sorgst du für mich,
obwohl mein Vertrauen
in die eigene Vorsorge größer ist,
obwohl ich mitschuldig bin,
wenn frisches Wasser rar wird
und grüne Auen verrotten.
Wie lebenspendendes reines Wasser
erquickt dein klärendes Wort die Seele.
Begleite mich, mein Gott,
wenn die Straßen meiner Zeit
durch finstere Täler führen,
wenn sie zu Sackgassen werden und sich
in einer ungewissen Zukunft verlieren.
Deine Gegenwart bleibt stets meine Zukunft,
die mich in der Angst tröstet.
Wenn ich an bereiteten Tischen sitze
im Angesicht der Hungernden,
wenn ich esse, was der Markt bietet,
wenn ich mein Haupt hoch tragen kann
und mir voll eingeschenkt wird,
brauche ich, mein Hirte,
deinen hilfreich tröstenden Stecken
und deinen Stab, um Gutes zu tun,
um nicht übermütig zu werden,
um barmherzig zu bleiben.

Kein Zweifel

24

Kein Zweifel,
die Erde gehört nicht euch.
Die Erde gehört Gott und alles,
was auf ihr wächst, ihre ganze Fülle.
Sein Wort rief sie,
aus seiner Hand ging sie hervor.
Auf einen glanzvollen Empfang
hat er Anspruch.
Macht die Tore weit, Tore,
in denen Recht gesprochen wird.
Weitet der Gegenwart Gottes die Tür,
die Vergangenheit von der Zukunft trennt,
Schuld wird dort vergegenwärtigt,
Gerechtigkeit und Segen ausgeschüttet.
Ihr habt allen Grund,
vor Gott zu treten und ihn zu bitten,
eure Hände zu reinigen, bevor sie handeln.
Denn unschuldige Hände
haben die nicht, die sich Gott nähern.
Sie wissen genau, wo ihnen
der Schmutz unter den Nägeln sitzt.
Auch ein reines Herz haben sie nicht,
denn ihr Herz weiß genau genug,
was gut ist und was böse.
Öffnet Tür und Tor dem einen Gott,
der aller Ehren würdig ist.
Doch der Herzschlag seines Segens
läßt mein Herz höher schlagen.
Kein Zweifel.

25

Herr,
gedenke nicht, was ich falsch machte,
vergegenwärtige nicht alles.
Ich brauche deine Güte,
brauche deine Barmherzigkeit,
ohne die ich mich längst aufgegeben hätte,
ohne die ich verloren wäre.
Feinde, die mich hassen und bedrängen,
umgeben mich nicht.
Aber meine Seele ist unruhig,
weil ich mich nicht allein zurechtfinde.
Mein Weg, den ich stolpernd gehe,
liegt dunkel vor mir.
Wie lang er noch sein wird, weiß ich nicht.
Aber immer bin ich am Ziel,
wenn du mich lehrst,
deine Wahrheit zu erkennen.
Meine Schritte sind kurz und unsicher.
Meine Augen werden geblendet
von den Irrlichtern, die vorgeben,
eine Wahrheit auszuleuchten, die keine ist.
Dich brauche ich zur Orientierung.
Meine Augen suchen stets dich,
damit mein Stolperschritt fest wird.
Ich weiß, daß du meinen Fuß sicher machst
und meiner Mühsal ein Ende setzt,
daß du meine Einsamkeit beendest.
Wo ich Unrecht tat, strafe mich nicht.
Auf dich, Herr, hoffe ich, hilf mir,
hilf deinem Volk.
Aus Irrtum und Verblendungen
zeige ihm einen Ausweg.

Befrage mich

26

Herr, ich liebe
den Ort des Gottesdienstes.
Ich höre auf dein Wort
und rede von deiner Herrlichkeit,
von deiner Ehre und Güte,
so gut ich es vermag.
Mit deiner Gemeinde singe ich dein Lob.
Auch wenn die Kirchen leerer werden
und manche gar zum Verkauf
ausgeschrieben werden,
so gehört doch dem Gottesdienst
meine kritische Liebe,
mein Vertrauen auf deine Güte.
In schlechter Gesellschaft
halte ich mich nicht auf und meide
aalglatte, bestechliche, doppelzüngige Leute.
Die riesigen Lärmbuden mit ihrem
kreischenden Gedröhn hasse ich.
Nichts ließ ich mir zuschulden kommen
und habe ein reines Gewissen.
Was in deinen Augen Schuld sein mag,
vertraue ich deiner Güte an.
Befrage mich also und wäge ab,
prüfe mich auf Herz und Nieren.
Ich bleibe bei deiner Gemeinde.
Auf die Orte will ich nicht verzichten,
an denen mir deine Gnade, deine Güte
zugesprochen wird.
Dort stehe ich auf sicherem Grund.
Dein Recht will ich loben.

Das Land der Lebendigen

27

Vor wem sollte mir grauen?
Feinde, die Feinde sind, habe ich nicht.
Freunde aber, oberflächlich genug,
und allernächste Angehörige
setzen sich gleichgültig von mir ab.
Sie wollen, daß ich mich von Gott trenne.
Ohne Scheu sagen sie:
Das Land der Lebendigen gibt es nicht.
Schon mit unserm Land der Unlebendigen
haben wir Schwierigkeiten.
Kümmern wir uns also darum.
Ich aber halte mich an dich.
Dich suche ich Tag und Nacht.
Dein Angesicht werde ich nicht finden,
aber dein Wort suche ich,
das für mich ein Licht auf dunklem Weg ist.
Auch wenn ich das Ende des Weges
nicht kenne, ich fürchte mich nicht.
Ich schaudere nicht zurück,
auch wenn ich ununterbrochen suchen muß.
Wenn sie ungeduldig sagen:
Laß das Suchen, du findest doch nichts,
wenn sie mich anklagen,
horche ich in dein Wort hinein.
Wenn ich nur die Gewißheit hätte,
daß ich deine Güte sehen werde
im Lande der Lebendigen ...
Ich weiß nicht, wie
das Land der Lebendigen sein wird,
aber ich weiß, ich sehe deine Güte,
wenn ich im Lande der Lebendigen bin.

28

Ob du schweigst oder nicht,
ich rufe dich dennoch, mein Gott.
Ich rufe und schreie lauthals.
Du bist nicht die Felswand,
Echo der eigenen Stimme.
Du bist der Fels, auf den ich bauen kann,
nicht der Grabstein der Leute,
die tot sind in ihrem Loch,
die in ihrem Leben schon tot waren.
Nichts will ich mit denen gemein haben,
die mit ihren Nachbarn schön reden,
ihnen dann aber ein Bein stellen.
Richte sie, wie sie es verdienen,
so gewiß sie deine Geschöpfe sind.
Sie reden freundlich, reichen sich die Hände
und treten sich dennoch auf die Füße.
Sie achten nicht dein Handeln in der Geschichte,
verwässern angebotene Möglichkeiten,
und deine Schöpfung beuten sie aus.
Du aber sei gepriesen,
auch wenn du schweigst.
Du hörst mich, du hast mir geholfen.
Du bist Kraft und Schutz.
Segne deine Gemeinde, segne sie,
trage sie und mich,
damit wir tragfähig werden.

29

Ihr vermeintlich Mächtigen,
ihr glaubt, dem Himmel nah zu sein.
Ihr Großartigen an Körper und Geist,
ihr scheint wie Sterne, wie Sonnen gar
über den Völkern zu schweben.
Gebt eure Ehre ab, gebt Jahwe,
dem Herrn aller Herren,
der allein Gott ist, die Ehre.
Rühmt ihn, dessen Name Name ist,
in dem alle anderen Namen aufgehoben sind.
Über den Wassern hallt des Herrn Ruf.
Aber der Herr ist mehr als das Meer,
wenn er über aufgewühlte Wellen donnert.
Seine Stimme ist herrlich,
sie ist mit ungeheurer Macht zu hören.
Jahwe zerstört die Wälder,
er entwurzelt Bäume, stolz wie Zedern.
Aber der Herr ist mehr als der Wald,
wenn er über die Wipfel fegt.
Seine Stimme ist mächtig und ungeheuer.
Sie läßt Wasser über die Ufer treten
und Berge verschlingen.
Die Stimme des Herrn läßt Feuer lodern.
Die Wüste erbebt und wandert.
Alles, was die Stimme des Herrn schuf,
kann eben diese Stimme wieder vernichten.
Ihr, die ihr glaubt mächtig zu sein,
bringt dem Herrn eure Stärke,
ihm, der aller Ehren wert ist.
Der Herr gibt seiner Gemeinde Kraft
und überschwemme sie mit Segen.

30

Es geht dir gut, dachte ich,
alles ist geordnet und gesichert.
Gott meint es gut mit dir.
Der Wohlstand tut dir wohl,
so wird es immer weitergehen.
Festen Boden hast du unter den Füßen,
kein Wasser, das keine Balken hat,
gefährdet dich.
Ich dachte, das steht dir zu,
so hast du es verdient.
Dann kam schlagartig alles anders.
Was einmal sicher schien,
geriet ins Wanken, drohte zu stürzen.
Millimeter trennten mich vom Tod.
Gott, ich danke dir mit meinem Leben,
daß die Angst nicht überhandnahm,
daß du mich nicht in das tiefe Loch
vor meinen Augen fallen ließest.
Du verwandeltest meine Not in Freude.
Luftsprünge möchte ich machen,
wenn ich nur könnte.
Singt unserm Gott, der Lachen schenkt,
wo abends noch Angst und Sorge war.
Geklagt habe ich und geweint,
du aber gabst mir eine neue Sicht.
Möglichkeiten, den Reichtum
des nun begrenzten Feldes auszuschreiten,
zeigtest du mir.
Mein Gott, ich danke dir.

Mein Leben ist hinfällig

31

Nicht oft genug kann ich sagen:
Auf dich, Herr, vertraue ich.
Ich verlasse mich auf dich.
Bei dir suche ich Schutz.
Meine Zeit, so lang oder kurz sie sein mag,
ist von ihrem Anfang an bis zum Ende
bei dir gut aufgehoben.
Deinen Händen überlasse ich mein Leben.
In deinen Schutz begebe ich mich.
Du magst über mich verfügen,
denn du hast mich losgekauft,
befreit wurde ich, du bist mein Asylstein.
Verpflichtungen und Zwänge
umspinnen mich wie ein Netz.
Eingebunden und verplant bin ich
in Termine und Rücksichtnahmen.
Zeit für dich finde ich selten.
Und doch mag ich die Leute nicht,
die von einem Netzknoten zum anderen hetzen
und deren Lieblingswort Streß heißt.
Die Zeit, die mir bleibt,
ist anvertraute Zeit aus deiner Hand.
Ihr Ende bestimmst du.
Mein Leben ist hinfällig.
Leib und Seele sind ernstlich bedroht.
Meine Schritte sind klein geworden,
du aber bleibst mein vertrauter Begleiter.
Ich weiß es, denn du bist mein Gott.
Nicht oft genug kann ich es allen sagen:
Gelobt sei der Herr,
bleibt in eurer Zeit getröstet,
gefestigt und stark.

Ihr könnt von Glück sagen

32

Ihr könnt von Glück sagen,
daß ihr alles, was euch belastet,
was ihr mit euch herumschleppt
und durch euer Leben tragt,
bei Gott abladen könnt.
Ihr könnt von Glück sagen,
daß eure Widerworte und das trotzige Reden
von Gott überhört werden.
Er rechnet denen die Schuld nicht zu,
die sie bekennen und zu ihrem Tun stehen.
Tag und Nacht wollte ich verschweigen,
daß ich gelogen hatte und die Wahrheit
in ihr Gegenteil verkehrte.
Bis ich mit Schrecken merkte,
daß ich unglaubwürdig wurde.
Also bekannte ich mich zu meiner Schuld.
Ich sagte: Es wird gut sein,
Gott zu sagen, was falsch lief.
Und ich sagte, was mich belastete.
Da vergab er mir alle Schuld.
Ich bat nicht um seine Vergebung,
weil ich Angst vor ihm hatte.
Doch er behütet mich und schirmt mich ab,
wenn ich in Angst und Schrecken bin.
Seid nicht ungezügelt,
laßt euch unterweisen und den Weg zeigen,
aber laßt euch von niemandem sonst
an die Kandare legen.
Sagt, was ihr sagen müßt, und vertraut ihm.
Dann werdet ihr gesegnet sein
und könnt von Gottes Güte singen.

Von Gott ergriffen

33

Ihr, die ihr Gott ergriffen habt,
die ihr von Gott aufgegriffen wurdet,
jubelt ihm zu, freut euch,
singt ein neues Lied und spielt,
spielt das schönste Instrument
oder das einfachste, aber spielt!
Und spielt mit Dank,
denn Gott, der euch ergriffen hat,
der euch aufgegriffen hat,
hält sein Wort, sein verläßliches Wort.
Sein Wort, das mehr ist
als die Summe unserer Wörter,
sein Wort, das Handeln ist,
das wahrhaftig und verläßlich ist,
schuf den Himmel, Hülle für die Erde,
die wir im Begriff sind zu zerstören.
Welten von Sternen schuf er,
die nie von uns zu erforschen sind.
Meere, die Inseln umspülen,
machen Leben bei uns erst möglich.
Kaum verläßt ein Wort seinen Mund,
ist es schon in die Tat umgesetzt.
Der Völker Pläne
ordnet er seinem Vorhaben unter.
Weder Waffen noch Stärke noch Gewalt,
weder Rosse noch Panzer,
nichts schützt ein Volk vor dem Untergang,
wenn Gott es nicht erhält.
Seine achtsamen Augen sind unser Schutz.
Er ist unsere Hilfe.
Wir trauen seiner Güte und Gnade.
Auf ihn hoffen wir.

34

Schamrot
muß ich auch dann nicht werden,
wenn ich dich nicht allzeit lobe
und deinen Ruhm
nicht immer im Munde führe.
Wer aber den Blick nicht von dir läßt,
wer arm ist
und am Rande der Gesellschaft lebt,
wer fremd ist und dich anruft,
den siehst du, den hörst du
und dem antwortest du.
Erprobt es, schmeckt und seht
die Freundlichkeit des Herrn.
Achtet ihn und seine Gebote,
die menschlichen Weisungen Gottes.
Fürchtet ihn ohne Furcht,
aber fürchtet ihn.
Gut leben möchtet ihr ... sagt ihr,
und schöne Tage könnten euch gefallen.
Das gute Leben aber
wird niemandem garantiert,
und die schönen Tage enden.
Übt und schult eure Sprache,
damit sie nicht zu schnell wird.
Geht sorgsam um mit eurer Zunge,
und die Lippen möchten tröstende Worte
aus dem Mund entlassen.
Gottes Ohr
hört auf die Klagen der Gerechten.

Ich habe sonst niemanden

35

Nimm du, Herr,
die Sache in die Hand,
ich habe sonst niemanden.
Versprich, daß du mir hilfst.
Gehässige Menschen
sind Schuld an meinem Unglück.
Die mir unrecht tun,
sollen sich lächerlich machen.
Was sie sich vornehmen, sollen sie aufgeben.
Sie mögen selbst in die Grube stürzen,
schon für mich geschaufelt.
Doch nicht über das Unglück anderer
will ich mich freuen,
sondern daß du mir hilfst,
daß du die Schwachen rettest
und ein Schutz bist für Ausgegrenzte.
Wenn auch die eigenen Füße unsicher tappen,
ist das kein Grund, über mich zu spotten.
Mein Herz freut sich über jeden,
der noch sicher gehen kann.
Niemand hat das Recht zu sagen:
Da kann man mal sehen.
Recht will ich nicht behalten,
aber für mich machst du die Bahn frei.
Mein Gott und Bahnbrecher,
du bleibst nicht stumm.
Du rechtfertigst mich, ich kann es nicht.
Immer will ich allen sagen können:
Den Herrn will ich loben,
den ganzen Tag.

Bilder, die dich nicht fassen

36

Weil es keinen Gott gibt,
gibt es auch keine Gottesfurcht,
sagen die Übertreter deiner Weisungen.
Widerspenstigkeit
verstopft ihnen die Ohren
und macht ihre Herzen rebellisch.
Ihre Hinterlist zu beschreiben, lohnt nicht.
Sie planen, noch auf dem Bett liegend,
ihren Vorteil zum Schaden anderer.
Ich aber, Herr, mein Gott,
will sie vor deinen Ohren nicht verklagen.
Vielmehr will ich auf deine Weisungen hören,
will deine Güte preisen,
die weiter und größer ist als alle Himmel,
will deine unfaßbare Wahrheit erfassen,
die von mir so wenig zu begreifen ist,
wie Wolken zu greifen sind,
die doch Wasser wie Segen auf mich regnen.
Ich weiß, daß du bist,
aber nur Bilder können dich beschreiben.
Deine Gerechtigkeit ist höher
als die Majestät der höchsten Berge,
die nicht auszulotende Tiefe deines Rechts
maßloser als das tiefste Meer.
Unverseuchtes quellfrisches Wasser bist du,
Licht, das mich wachsen läßt,
Flügel, die mich schützen,
Bilder, die dich nicht fassen.
Du aber bist.

37

Sage nicht, die Welt ist schlecht,
sondern danke, daß sie Gottes Welt bleibt.
Er greift ein, wenn er eingreifen will.
Schüttle nicht den Kopf über die Gottlosen,
schüttle den Kopf über dich,
der zweifelt, daß Gott der Welt Mitte ist.
Zweifle nicht, vertraue ihm,
auch wenn du siehst und hörst,
daß das Recht auf den Kopf gestellt wird
und Gewalt um sich greift.
Die Wirtschaftskriminalität hat Blütezeit,
und Zügellosigkeiten
durchbrechen alle Schranken.
Die Überbewertung des Geldes
führt zu Korruption und Mißwirtschaft,
und Hilfe für Ausgebeutete
muß durch das Zehnfache an Waffen
gesichert werden.
Es lohnt nicht, sich zu entrüsten
über Eigennutz und Bosheit.
Es lohnt nicht, neidisch zu werden auf die,
die an Betrug und Bestechlichkeit verdienen.
Es ist gut, auf Gott zu hoffen.
Er macht deinen Schritt fest,
er hält dich, wenn du stolperst,
er läßt dich nicht fallen.
Warte auf Gott und verlaß dich auf ihn.
Er verspricht dir keine Güter,
doch hat er Gutes mit dir im Sinn.
Ob du jung bist oder alt wurdest,
sage nicht, die Welt sei schlecht.
Vertraue Gott auf deinem Lebensweg,
dessen Ziel er ist.

38

Verliere keine Zeit,
mein Gott, es eilt.
Ich brauche Menschen, die mir helfen,
die zu helfen gelernt haben,
aber vor allem brauche ich dich.
Dir klage ich mein Leid, meinen Schmerz,
den Verlust meiner Selbständigkeit,
auf fremde Hilfe angewiesen bin ich.
Ich weiß, daß ich sterben muß,
habe es immer gewußt.
Aber daß nichts Heiles mehr an mir ist,
nichts Gesundes, das habe ich nicht gewollt,
damit muß ich fertig werden.
Dazu brauche ich dich dringend.
Die Fragen gehen mir nicht aus dem Kopf,
ob ich recht gelebt habe
oder gesündigt habe, wie du es nennst,
ob ich deine menschlichen Weisungen hielt.
Was ich hätte tun sollen, tat ich nicht alles,
aber darum gehe ich doch nicht am Stock,
das ist doch jetzt kein Grund
für nicht heilende Wunden,
kein Grund, krumm und gebückt zu gehen.
Ich bin krank, sehr krank, und ich leide.
Ich warte auf deine Antwort.
Die Verwandten sind hilflos,
Freunde denken: Es ist, wie es ist.
Sie vergessen mich und gehen ihrer Wege.
Kontakte lösen sich wie von selbst.
Allein dich brauche ich. Eile, bleibe.
Mein Herr, mein Gott, meine Hilfe.
Verliere keine Zeit.

39

Ein Mensch
ist von mir gegangen,
still, unbemerkt, er klagte nicht.
Ich befahl mir, in meinem Leid
zu verstummen und zu schweigen.
Mein Schmerz geht niemanden etwas an.
Ein Mensch
starb lange, nun ist er tot.
Nichts mehr konnte er sagen,
ob er mich noch hörte, bleibt ungewiß.
Die Leere meiner Trauer ist groß,
in die ich nun hineinschweige,
doch kann ich meinen Kummer kaum zügeln.
Herr, du zeigst mir täglich,
daß Leben zu Ende geht,
daß der Tod zum Leben gehört.
Wenn aber mein Leben in den Tod einmündet,
das Leben in den Tod stürzt,
das Ende plötzlich da ist,
wer weiß das, wer will das wissen?
Ich will mich auf dich verlassen.
Große Worte sind nicht am Platz.
Meine Tage sind gezählt,
ob ich es wahrhaben will oder nicht.
Nichts ist ein Menschenleben,
trotz aller Suche nach Sicherheiten.
Heimatlos bin ich ein Gast in der Spanne Zeit
zwischen Geburt und Tod
und ganz verlassen.
Ob du am Ende
bei mir bist?

40

Nichts wird mir erspart.
Kein Unglück geht an mir vorbei.
Zahllos sind meine Leiden,
die ich mir selbst zuzuschreiben habe
und die kaum zu überblicken sind.
Doch in Grund und Boden
sollen sie sich schämen,
die zu mir scheinheilig sagen:
Na, wird schon werden.
Ich stehe zu meinen Fehlern,
die alles Unglück erst möglich machten.
Meine Leiden nehme ich an
und bejammere sie nicht.
Aber ich hoffe auf Gott und warte und warte,
bis er mein Rufen und meine Klage hört,
bis er sieht, was ich zu tragen habe,
und die Ursachen meines Unglücks
aufdeckt und mir klarmacht,
bis ich wieder Boden unter den Füßen habe.
Dann kann ich den Kopf heben
und das nächste Stück Weges überblicken.
Das Lied, das ich singe, Herr,
hast du mir in den Mund gelegt.
Rauh ist die zaghafte Stimme
und noch unsicher.
Ich will sie täglich üben,
damit ich der Gemeinde erzählen kann,
wie wunderbar deine Gedanken sind.
Mein Leiden und mein Unglück
sind in deinem Plan aufgehoben.
Dein Wort und deine Antwort
lerne ich in Unglück und Leiden verstehen.
Lehre mich deine Wunder sehen.

41

Überwältigt bin ich, mein Gott,
über so viel Zuneigung.
Habe ich denn Verständnis aufgebracht
für die Schwachen, für die Armen?
Ich weiß es nicht, du weißt es.
Du hast mein Leben erhalten,
als ich in großer Not war.
Du hast mir auf meinem Krankenbett
wohlgetan und mich gestärkt.
Meine Freunde wünschten mir Glück,
und Freundinnen riefen mir zu,
auf dein heilsames Tun zu achten.
Ich sprach: Gott sei mir gnädig.
Heile mich, auch von dieser Schuld,
daß ich die nicht genug tröstete,
die einsam oder ausgegrenzt sind.
Manche flüstern über mich
und denken insgeheim: Geschieht ihm recht.
Wird schon werden, reden sie lässig.
Sie meiden mich, lassen mich liegen
und sagen: Mit ihm ist es vorbei, mit ihm
brauchen wir nicht mehr zu rechnen.
So stärke du mich,
wenn ich schwach werden will.
Du, mein Gott, hilfst mir.
Deine Liebe trägt.
Du tröstest mich in meiner Lage.
Ich lobe dich jetzt
und in jeder noch kommenden Gegenwart,
dich, den Herrn, den Gott Israels.
Amen.

Es gibt dich

42

Sie fragen täglich:
Wo ist denn dein Gott?
Sie höhnen mich, verstoßen mich.
Warum bin ich so verzweifelt,
warum so aufgewühlt?
Tag und Nacht sucht dich
mein tränenverhangener Blick.
Unruhig und betrübt bin ich,
weil sie lässig sagen: Na, wo ist er denn,
wo ist denn dein Gott?
Sie wollen nicht an dich glauben,
wollen nicht wahrhaben,
daß es dich gibt.
Ich aber lebe von dir,
weiß, daß du mich nicht vergessen hast,
daß meine Sache bei dir gut aufgehoben,
bei dir in guten Händen ist.
Wie frisches Wasser salzige Tränen abwischt,
so brauche ich dich,
brauche deinen Zuspruch.
Ohne zu wissen, daß du bist,
kann ich nicht leben.
Nur du kannst meine Unruhe
in Ruhe verwandeln.
Schreckensnachrichten
rollen über mich wie Wassermassen,
eine Hiobsbotschaft jagt die andere.
Sie unterspülen meine Zuversicht.
Ich aber warte auf deine Güte,
täglich will ich dir danken.
Es gibt dich, das ist meine Hoffnung.
Ich warte auf dich.

Auf deine Zusage ist Verlaß

43

Herr, warum
halten mich meine Sorgen fest?
In der Nacht gehen mir die Fragen
nicht aus dem Kopf,
auf die ich keine Antwort finde.
Ich sehne mich dem Tag entgegen
und fürchte mich doch vor seinen Aufgaben,
vor den ungelösten Problemen.
Warum muß ich trauernd umhergehen,
warum klebt mein Blick am Boden
und will das Licht nicht wahrnehmen?
Die Fragen nach dem Warum
wollen mir nicht aus dem Kopf.
Sie rauben mir den Schlaf und können doch
die Wahrheit nicht ergründen.
Sie bleiben ohne Antwort,
wenn du nicht hörst
und antwortest, wenn du mich nicht führst,
wenn du mir nicht
den hängenden Kopf hochhebst,
wenn nicht dein Licht und deine Wahrheit
Dunkelheit und Lüge vertreiben.
Mein Gott, schaffe mir Recht.
Dein Heil will ich sehen,
deine Zusage mit Dank erfahren.
Warum bin ich so verzweifelt,
warum nur ...?

Steh auf, mein Gott,
mach Ernst und schlaf nicht,
wenn du überhaupt Schlaf kennst.
Wir rühmen dich täglich,
aber laß uns nicht auch fallen,
wenn wir uns haben fallen lassen.
Greif uns unter die Arme,
wenn wir uns nicht erheben können,
weil wir müde am Boden kleben.
Hilf uns, wenn unsere Seele
sich mühsam im Staube wälzt,
aufgewirbelt von der Menschen Unrast,
von Bedrängnis und Kurzatmigkeit.
Du hast unseren Vorfahren geholfen.
Sie haben es erzählt und bezeugt.
Wir glaubten ihnen nicht,
vertrauten nur eigenen Erfahrungen,
Erfahrungen ohne dich.
Nun läßt du uns unsern Weg abstolpern.
Jeder Stein, dem trägen Fuß im Wege,
wird zur Möglichkeit eines Falles.
Spott, Schimpf und Schande
verlassen uns nicht.
Auch wenn dein Name nicht vergessen ist,
wenn wir unsere Hände zu dir aufheben
und keine fremden Götter anbeten,
so leiden wir ohne dich dennoch täglich.
Der Tod bleibt unser ständiger Begleiter,
wie bei dem zum Tod bestimmten Vieh.
Staub ist unser Leben.
Steh auf, Gott, komm uns zu Hilfe.
Mach Ernst und erlöse uns
um deiner Güte willen.

45

Wie die Feder des Grafikers
Buchstaben formt und schreibend
zur vollen Schönheit entfaltet,
so gestalten Lippen und Zunge Wörter,
das Lob des Königs zu singen.
Im Vollbesitz weltumspannender Macht
bist du von strahlender Schönheit,
die Ohnmacht der Welt
in liebende Gerechtigkeit zu wandeln.
Mutlos werden deine Feinde
vor deinem unanfechtbaren Urteil.
Demut und Recht vollbringen Wunder,
die kein Mensch für möglich hält,
Taten, die niemand ahnend voraussieht,
Wirklichkeiten, die die Welt verändern.
Du aber, du Schöne, du Gemeinde,
auf die der Glanz des Königs fällt,
vergiß deine Herkunft,
eine Vergangenheit, die im dunkeln liegt,
und öffne dich der Gegenwart des Königs.
Lob und Schmuck hast du genug,
dich mit ihm zu vereinen.
Gekleidet bist du mit dem Gold der Ewigkeit.
Die köstlichste Perle, die je gesucht wurde,
ist in dir gefunden und strahlt in die Welt.
Kinder verheißen Zukunft,
und Kindeskinder sind stetige Gegenwart.
Der Griffel des Schreibers
macht den Namen unauslöschlich.
Er macht ihn lesbar
zu allen Zeiten,
an allen Orten.

46

Gottes Zukunft ist die Stadt,
eine bergende Wohnung.
Es lohnt, in ihr zu wohnen.
In der Welt der Katastrophen
sind das gute Aussichten.
Dahinschmelzende Eisberge
füllen Meere mit Wassermassen,
überfluten Ufer und Deiche.
Unwiderruflich verschwinden Inseln,
und das Gesicht der Erde ändert sich.
Orkane und Feuerstürme vernichten
Landschaften gründlicher und schneller,
als Kriege das vermögen,
und Menschen werden heimatlos.
Aber der Welt ist das nur
eine Schlagzeile in der Morgenzeitung wert.
Fragt niemand danach,
ob das noch deine Schöpfung ist,
deine von uns gestörte Schöpfung?
Doch Gott ist Zuversicht, Stärke, Hilfe,
wenn das große Wasser wütet
und Berge mitten ins Meer sinken.
Auf ihn können wir uns verlassen.
Auch wenn die Welt untergeht,
bleibt die Stadt Gottes, was sie ist,
weil Gott ihre Mitte ist,
bleibt die Gemeinde unsere Zuflucht,
solange Gott ihre Mitte bleibt.
Die Brunnen mit Lebenswasser
versiegen nicht.
Das sind gute Aussichten.

Klatscht in die Hände

47

Klatscht in die Hände
alle Völker, so laut ihr könnt,
klatscht Beifall, alle Menschen,
jubelt und bereitet Gott Ovationen,
der ein Herr ist aller Völker.
Laßt eure Kriegsfanfaren ruhen
und das Feldgeschrei verstummen.
Gott ist Herr über alle, die mächtig sind.
Ihm sind die Starken verantwortlich.
Preist den allerhöchsten Herrn,
dessen Leben die Lebenszeit der Könige,
Diktatoren und Machthaber übertrifft,
dessen Leben jenseits aller Zeiten ist.
Er kann sich über uns erheben,
bleibt unter uns und sieht auf uns herab.
Spielt die Posaunen, so gut ihr könnt,
singt ihm zu Ehren Loblieder
mit Chören, die größer sind
als die Chöre eurer olympischen Feste,
die doch vergänglich sind.
Gott ist König über die ganze Erde.
Lobt ihn, den Abraham schon rühmte,
preist ihn, der heute noch derselbe ist
und auch derselbe sein wird.
So widerspenstig sie auch sind,
die Völker müssen sich
vor ihm verantworten.
Alle Mächtigen macht er haftbar.

Wie der stürmische Ostwind

48

Soll ich mit deinem Volk
an der Klagemauer stehen und weinen,
weil der Tempel nicht mehr ist,
der vielbesungene, der prächtige,
oder soll ich dich loben, mein Gott,
daß du auszogst
in andere Städte, in andere Länder,
unter andere Völker,
daß du mit Getöse ausbrachst
aus der bewahrenden Pracht der Mauern,
die doch nun Ruinen sind?
Wir wollen nicht jammern und
nicht klagen, mein Gott,
denn deine Größe ist immer zu loben.
Sie bleibt eine Schutzmacht,
an keinen Ort gebunden,
nicht an eine Stadt, nicht an einen Berg.
Wer immer sich vergriffen hat an der Stadt,
in der dein Lob zu Hause war,
an deinem Berg, an deinem Tempel,
er hat dich nicht fassen können.
Wie der stürmische Ostwind
Hochseeschiffe zerschlägt,
so vergeht denen Hören und Sehen,
die dich und deine Güte vertreiben wollen.
Deine Gerechtigkeit bleibt an jedem Ort
Maß und Richtschnur aller Völker.
Sagt es der Gemeinde,
erzählt es allen Generationen:
Gott bleibt Gott, und seine Gerechtigkeit
hält die Welt zusammen.

49

Hört gut zu,
alle, die ihr heute lebt.
Hört zu, hoch und niedrig,
reich und arm, mächtig und prächtig
oder ohnmächtig wie die armen Leute.
Seht die Todesanzeigen an,
so großartig seitenfüllend sie sein mögen,
so reich und von hohem Rang
das Leben sich darstellt,
es geht zu Ende wie das Leben des Viehs.
Hört zu, die ihr das Ende wohl wißt,
aber nicht wahrhaben wollt.
Ihr habt euer Leben hoch versichert, doch
gegen den Tod gibt es keine Versicherung.
Die Grube oder, wenn's gut geht, das Grab
ist jedem sicher.
Auch die noch so viel Wissen angehäuft haben
und klüger sein wollen als andere,
haben keinen Vorteil.
Ihr Leben geht zu Ende wie das eines Tieres.
Und wenn die Gewalthaber meinen,
ihr Leben durch Kriege verlängern zu können
und durch den grausamen Tod vieler,
die ihnen im Wege sind,
so irren sie.
Auch ihr Leben endet unaufhaltsam.
Mein Leben ist in Gottes Hand.
Ihn kann ich nicht mit Opfern bestechen,
so groß sie sein mögen.
Er wird meine Seele erlösen
aus des Todes Gewalt.
Zweifelt an ihrer Endgültigkeit.
Hört gut zu.

Wer wird wissen, ob du bist

50

Gott, ob du bist,
ob du kommst oder nicht kommst,
wer wird das außer dir wissen?
Es steht in deiner Verfügungsgewalt.
Du bist der Herr, der die Erde ruft.
Du schweigst nicht, du kommst.
Für deinen Ruf die Ohren zu schärfen
bleibt die unabdingbare Aufgabe.
Gott sagt: Mit Opfern, noch so groß,
könnt ihr mich nicht bestechen.
Ich brauche euer Opfer nicht, ich nicht.
Aber zu geben, wo Not ist,
das ist eure Aufgabe,
weil alles, was ihr habt, mein Segen schuf.
Seid also dankbar für alles.
Ruft mich an, wenn die Not da ist.
Ich werde helfen, wie es keiner erwartet.
Danach könnt ihr mir überflüssig danken.
Darauf warte ich,
darauf verlasse ich mich,
auch wenn ihr meine Gerechtigkeit
nicht ausmessen könnt.
Es genügt nicht,
zu wissen, was in den Geboten steht,
nicht zu morden, nichts zu stehlen und
nichts zu begehren, was anderen gehört.
Tun mußt du sie und danach leben,
sagt Gott, und nicht hintenherum betrügen
und die Geschwister
scheinheilig schlechtmachen.
Opfert mir Dank,
dann werde ich euch zeigen, wer ich bin
und wohin euer Weg führt.

51

Du, Gott, mein Gegenüber,
mein Ansprechpartner.
Kein Zweifel, du bist der Einzige,
an den ich mich wenden kann.
In meinem selbstverschuldeten Unglück
hast du den Richtigen angetroffen.
Also hör mir zu und sprich.
Daran, daß es mich traf, bin ich selbst schuld,
niemand sonst, kein anderer.
Ich weiß, daß ich verantwortungslos war.
An deinen Geboten habe ich gesündigt,
aber dein Wort behielt recht.
Deine Wahrheit hat mich aufgeklärt.
Ich lebe mit meinem Unglück,
mit meiner Sünde auch und weiß,
daß es an mir liegt, deine Güte zu erleben.
Wasch alle Schuld ab.
Verwoben sind Schuld und Unglück
mit meinen Fehlern.
Ich brauche kein neues Herz,
eingepflanzt für ein verbrauchtes.
Aber ich bitte um ein geschärftes Gewissen,
ein gereinigtes Herz ist vonnöten,
eine Mitte des Lebens, die dich kennt.
Ich brauche einen Geist,
von deinem Geist geschult.
Ich brauche deine Hilfe.
Du, Gott, mein Gegenüber,
ich habe nichts als Schuld anzubieten.
Ich bitte dich, mir den Mund zu öffnen,
um deine Güte weiterzusagen.
Das wirst du nicht verachten.

52

Ein skrupelloser,
ein tyrannischer Mensch,
der keinen über sich duldet,
der gewalttätig durchs Leben zieht,
der sich rühmt, Gottes Güte nicht zu kennen
und Gott erst recht nicht,
der alle die mit Bosheit überzieht,
die nicht denken und glauben wie er,
solch ein Mensch redet scharf und verletzend
und will doch nur betrügen und verführen.
Sollte er überhaupt lieben können,
so liebt er das Böse.
Ausgleichen und Gutes tun kennt er nicht.
Lügnerisch redet er Falsches.
Allenfalls gibt er Gerüchte
für pure Wahrheit aus.
Er redet gern und viel und hinterhältig
und verwirrt die Geister,
bis endlich die Katastrophe ausbricht.
Doch du, Gott, bist gütig und gerecht.
Ob du die Skrupellosen zerschlägst
und in alle Winde zerstreust
und die Terroristen, die mir angst machen,
mit Stumpf und Stiel ausrottest,
will ich dir überlassen.
Ich bleibe wie ein Ölbaum im Glück,
wenn ich deine Lebenskraft spüre.
Dein Name ist Güte zu allen Zeiten.
Du hältst denen die Treue,
die auf dich warten.
Ich danke dir.

Gott ist

53

Heute wie damals
sagen die eingebildeten Toren:
Gott ...? den gibt es nicht,
und der töricht Eingebildete behauptet:
Gott ist tot, es gibt keinen Gott,
ich habe ihn nie gesehen,
nie hat er mich angesprochen,
nie bin ich ihm begegnet.
Die so sprechen, taugen nichts,
sie finden nicht zu sich selbst.
Ihre Pläne bleiben vergeblich,
sie sind töricht.
Und Gott sieht zu
und läßt die an sich selbst scheitern,
die glauben, es gäbe ihn nicht.
Bei ihrem Planen fragen sie nicht:
Sollte Gott gesagt haben...?
Sie fragen nur selbstgefällig,
ob das Machbare ihrem Hochmut nützt.
Sie fressen sich gegenseitig
und beuten die einmalige Erde aus,
ob es den Menschen nützt oder nicht.
Nach Gott fragt keiner,
auch nicht einer.
Gott, der du bist,
sieh nicht nur zu, sprich mit uns,
höre uns, handle mit uns,
damit jeder sagen kann:
Gott ist.

Ein Aufruf

54

Ich bin bedroht,
verängstigt auch,
weiß nicht mehr aus noch ein.
Die Verhältnisse bedrängen mich.
Täglich stürzen
neue Nachrichten auf mich ein,
Gerüchte überfallen mich wie Feinde.
Kaum jemand hat noch Gott vor Augen.
Sie wollen, daß es Gott nicht mehr gibt.
Sein Name wurde unbekannt.
Aber Gott
macht sich zum Anwalt meiner Sache.
Er setzt sich für mich ein,
er wird mir gerecht.
Er allein ist gütig und gnädig,
er befreit mich.
Wunder wirkt ein Anruf bei ihm.
Wer ihn vor Augen hat,
sieht alles anders.

Was soll ich nur machen?

55

Mein Gott,
was soll ich nur machen,
wenn mir mein Freund untreu wird
und meine Freundin mich im Stich läßt?
Ich kann zur Not verstehen,
wenn ich anderen gleichgültig werde.
Aber wenn meine Freunde mich verlassen,
Menschen, die mit mir zum Gottesdienst gingen,
mit denen ich Freud und Leid teilte,
die meine tiefsten Geheimnisse kennen,
die das jetzt ausnutzen und mich hintergehen,
dann bin ich unglücklich.
Schreien könnte ich, daß sie sich
so weit von dir und mir entfernten.
Ich flehe dich an,
daß du mein Freund bleibst.
Daß meine Gegner mir Sorgen machen,
damit finde ich mich ab.
Aber daß meine Freunde sich von dir lösten,
daß ich nicht mehr mit ihnen zusammen
meine Befürchtungen vor dich bringen kann,
die Sorge um den Frieden,
das macht mir mehr Angst als viele Feinde.
Sie sind mir fremd geworden, die Freunde.
Gib mir einen sicheren Halt.
Dir überlasse ich meine Sorgen.
Ich kann die Schönredner nicht ändern
und auch nicht die, die auf offener Straße,
in den Nachrichten, den Zeitungen
und mit Hilfe elektronischer Bilder
häßlich und verderblich reden.
Mein Gott, ich vertraue dir,
meinem Freund.

56

Durch den Tag bin ich gehetzt.
Gnade dir Gott, sagen die Leute,
das ist doch kein Leben.
Durch den Tag werde ich gehetzt.
Gnade dir Gott, sagen die Leute,
die mir nachstellen, mich bekämpfen,
mich täglich bedrängen.
Gott, sei mir gnädig, sage ich,
ob ich mich selbst jage oder gejagt werde.
Ich fürchte mich vor der Hetze,
ob andere mir auf den Fersen sind
oder ob ich mich selbst antreibe.
Ich fürchte mich und hoffe auf dich.
Zu dir flüchte ich.
Was kann mir ein Mensch tun? frage ich.
Nichts, sagt dein Wort, gar nichts,
das mich von dir trennen kann.
Ich rühme dein Wort, mein Gott,
das keine Rederei ist, kein Gerücht.
Mehr ist es als aller Menschen Wörter
und keine üble Nachrede.
Du hast meine Tränen eingesammelt.
Ich bin sicher, du zähltest sie.
Die Zahl meiner Tränen,
die niemand sehen soll, ist dir bekannt.
Die Sorgen und mein Elend kennst du,
die Menge meines Kummers
ist bei dir gut aufgehoben.
Ich will dir danken,
du nimmst mir die Todesfurcht.
Du zeigst mir, was Leben ist.
Gott, sei mir gnädig.

Ich behalte die Übersicht

57

Eine Höhle suche ich,
eine Nische im Felsen,
einen Ort, der mich schützt,
wie Adlerflügel und die Flügel der Henne
die Jungen schützen, sie wärmen
und vor Gefahren bewahren.
Mein Gott, sei mir gnädig,
denn bei dir bin ich geborgen.
Aus der Felsnische, die du bereitstellst,
behalte ich die Übersicht,
damit das Unglück mich nicht vernichte.
Unter deinen Flügeln ist Wärme.
Ich rufe zu dir und lasse nicht locker,
bis du dich meiner Sache annimmst,
bis ich auf deiner Seite bin.
Unübersichtliche Ereignisse
und verheerende Katastrophen
ängstigen mich und sind wie ein Irrgarten,
aus dem ich nicht herauskomme.
Doch dein Wort zeigt mir Mitte und Ausgang.
Gefährliche Verstrickungen und Fallgruben
sollen mich nicht schrecken.
Mein Gott, ich bin zuversichtlich.
Kraft gibst du mir, fröhlich zu sein,
und Mut, trotz allem zu singen.
Ich will das Morgenrot wecken.
Von Horizont zu Horizont reicht deine Güte.
Die Völker sollen deine Wahrheit erfahren.
Ich will dich loben und preisen,
dich, der höher ist als alle Himmel.
In der Nische bist du mir nahe.

58

Die Wahrheit ist,
daß in der Welt Unrecht herrscht,
daß die Machthaber vieler Völker
Recht haben wollen wie einen Besitz,
den sie schamlos verteidigen,
und dem Unrecht lassen sie freien Lauf.
Gift und Galle geifern sie
und halten verbrecherische Reden.
Kaum eine Spur ist davon zu sehen,
daß sie der Menschen Rechte achten.
Sie setzen Menschen auf Menschen an,
verspritzen das Gift ihrer Herrschaftsgelüste,
verteufeln Minderheiten
und wecken schlafende Stammesgelüste.
Statt einander auszusöhnen mit Gerechtigkeit,
werden nationalistische Gefühle geschürt,
die uns schaudern lassen.
Gott, brich denen die Zähne aus,
die mit Ungerechtigkeiten ihre Kassen füllen.
Aus ihrem zerschlagenen Gebiß
laß keine Wörter heraus,
die Menschen anderer Rassen verunglimpfen.
Verbrenne Gesetze wie trockene Dornen,
die Menschen nach hoch und niedrig,
nach oben und unten in Klassen zergliedern.
Gott, das ist die Wahrheit,
du bist der einzige Recht Schaffende,
der dem Recht auf der Erde
durch seine menschlichen Gebote
zu seinem Recht verhilft,
der Recht spricht.

59

Ob mich solche Feinde
umgeben wie den Psalmisten damals,
weiß ich nicht.
Aber in die Klauen brutaler Gestalten
kann ich fallen.
Sie knurren wie Hunde.
Sie lassen mich ins offene Messer rennen.
Was sie gestohlen haben,
wollen sie teuer wieder verkaufen.
Ich habe Angst,
doch du bleibst der Herr der Gerechtigkeit.
Sie setzen sich mit leichter Hand
über Recht und Gesetz hinweg.
Sie lachen darüber.
Du aber, Herr, hast sie durchschaut,
du lachst sie aus,
und niemand kann dir widersprechen.
So wie mir geht es dem Volk.
Waffenschieber, terroristische Banden
und Extremisten mischen sich
scheinheilig und höhnisch unter uns.
Du kannst sie zur Rechenschaft ziehen,
kannst sie namhaft machen.
Insgeheim umgeben uns Leichenfledderer,
die den Tod nicht achten und vorgeben,
Verkehrstote zu mindern.
Die Organmafia streunt umher,
sagt, daß sie Leben erhalten will,
und denkt nur an das große Geld.
Trotzdem.
Kraft gibst du mir.
In der Bedrängnis bist du meine Zuflucht.
Du behütest mich.

60

Ist es unverschämt,
dich um Hilfe zu bitten,
deinen Beistand herabzuflehen,
obwohl du uns sichtlich links liegen läßt?
Du hast uns in die Irre laufen lassen
durch unsere eigene Kurzsichtigkeit.
Katastrophen und Fehlentscheidungen
brachen über uns herein.
Jetzt schlagen Völker wie wild aufeinander.
Die Erde scheint auseinanderzubrechen.
Wenn du uns zornig verstoßen willst,
wenn du dich zurückziehst, hast du recht.
Dennoch bitten wir dich, Gott,
niemand kann sonst helfen.
Gib denen ein Zeichen, die dich achten,
die dich fürchten, die sich dir nähern.
Ausweichen und fliehen sollen sie nicht,
sollen sich der Unvernunft entgegenstellen,
sollen sagen, daß du Herr der Lage bist,
daß von keiner menschlichen Macht,
und wenn sie sich Weltmacht nennt,
letztlich Hilfe zu erwarten ist.
Allein mit dir ist der Friede zu bauen.
Nur mit deiner Hilfe kann er sicher werden.
Dein Beistand macht uns erfinderisch,
deine Schöpfung zu ehren.
Und wenn alle sagen,
die Welt ist verloren und nicht zu retten,
so laß uns Taten in deinem Namen tun,
um die Lügen zu strafen,
die dir nicht trauen.

Ich klage

61

Mein Gott, ich klage,
ich jammere nicht, ich klage.
Aus der Weite meiner Einsamkeit,
aus der Mitte meiner Angst
sucht mein Schrei dein Ohr.
Führ mich aus dem Getümmel heraus,
aus dem gefährlichen Meinungsstreit,
den stets gebrochenen Versprechungen.
Stell mich auf den Felsen,
den sicheren, uneinnehmbaren
Standort für die Übersicht über das
Unübersichtliche.
Du läßt mich zuversichtlich wohnen
unter deinem schützenden Dach,
das du wie Flügel über mich breitest.
Ich klage vor dir, Gott,
ich klage, ich singe
und jammere nicht, wenn ich klage.
Treu und wahr bist du,
wie kein König,
kein Mächtiger.

62

Kreischend laut
ist das, was sie Musik nennen,
an der sie sich berauschen.
Die lärmende Geschwindigkeit
der Schienen, Luftwege und Straßen
macht die Ohren taub,
und die Seele verliert ihre Zuversicht.
Aufreizend überflutet uns Bild auf Bild,
die Wirklichkeit verdrängend.
Jugend wird vorgegaukelt,
die doch schnell altert.
Täuschungen und Verführungen,
millionenfach vervielfältigt, bedrängen uns.
Doch die Nähe zu dir ist das Beste,
was ich erreichen kann.
Nur wenn ich mich zu dir flüchte,
wenn ich dir, mein Gott, näherkomme,
wird meine Seele still.
Nur dann breitet sich Stille um mich aus,
wenn ich meine Hoffnung auf dich setze.
Nicht Gewalt, nicht Reichtum,
nicht privates Vermögen können helfen,
große Leute enttäuschen oft.
Mächtig bist allein du, mein Gott.
Nicht lärmend bist du, nicht aufreizend.
Du gaukelst mir nichts vor, und
du täuschst mich nicht.
Deine Nähe ist Schutz und Sicherheit.
Nur bei dir ist die Stille,
aus der Leben wächst.

Im Schatten deiner Flügel

63

Vertrocknet bin ich
wie eine eingetrocknete Blume,
der es an Wasser mangelt.
Abgeschnitten bin ich von dir,
dem quellfrischen Wasser, das mir
über meine Durststrecke helfen kann.
Ich rufe und suche dich wie jemanden,
der sich versteckt hat,
suche die verborgene Quelle des Lebens.
Wie einen Unterschlupf
suche ich dein eigenes Versteck,
in dem ich mich sicher fühle.
Leuchten sehen möchte ich gern
deine dunkle Zukunft.
Doch besser noch als Leben
ist deine Freundlichkeit und Güte.
Nachts liege ich und bedenke den Tag,
sinne über dich nach.
Dann erkenne ich dein Versteck,
in das ich flüchten kann.
Wie einen Schatten
nimmt meine Seele deine Flügel wahr,
die mich schützen
und die dein Versteck sind.
Doch am Tage sonne ich mich königlich,
damit ich im Schatten deiner Flügel
nicht austrockne.

64

Höre, mein Gott,
meine klagende Stimme.
Unbescholtene Menschen
grundlos verleumden,
darauf verstehen sie sich gut.
Darin sind sie Meister,
ihre spitzfindigen Worte
wie Pfeile zu schärfen.
Sie drohen mit eingängigen Parolen,
sagen scharfzüngig lächelnd,
sie wollten nur mein Bestes.
Aber in ihren Herzen,
wenn sie denn ein Herz haben,
denken sie an das eigene Wohlergehen.
Wie Steine
schleudern sie Worte auf mich
und wissen, wie sie mich treffen können.
Gleichgültig, mit nichtssagenden Redensarten
lassen sie mich stehen.
Wenn ihnen Frieden angeboten wird,
haben sie keine Hemmungen,
hochmütig zu sagen:
Ha, ha, an uns glaubt Gott,
wenn es ihn denn geben sollte!
Und hohnlachend gehen sie weiter.
Aber ich glaube an dich, mein Gott,
dessen Worte wahr sind,
die nicht verleumden, nicht verletzen,
Worte, die nicht scharfzüngig sind
und nicht spitzfindig,
sondern heilen.

65

Nicht jeden Wunsch
erfüllst du, doch du erhörst das
Gebet der Gemeinde, die ihre Schuld
wie eine Ernte vor dich bringt,
Schuld auch der Menschen,
die Schuld nur als Fehlverhalten kennen,
Schuld, die du vergibst,
wenn wir dich bitten.
Du erhörst Gebete und handelst,
denn du weißt, was wir verdienen.
Wir loben dich, Gott,
und deine Gemeinde singt Lobgesänge.
Die äußersten Enden der Erde,
Berge und die Wassermassen der Meere,
alles lobt deine Schöpferkraft,
von der unsere mäßige Kreativität
nur ein schwacher Abglanz ist.
Wie das unruhige Meer
bringst du tobende Völker zur Besinnung
und läßt uns über die Wasser gehen
wie über festes Land.
Du bewässerst den Acker
und läßt das Getreide gut geraten.
Die üppige Ernte bejubeln wir,
Felder bersten vor Überfluß,
das Vieh gedeiht, doch unser Unvermögen,
unsere Schuld, läßt jährlich allein
Hunderttausende Kinder sterben.
Du krönst das Jahr mit deinen Gaben,
dein sanfter Regen läßt Frucht sprießen.
Dein Segen gibt überschwenglich.
Vergib uns unsere Schuld.

66

Lobt Gott, den Herrn!
Ein unverwechselbarer Ruf
in den Aufforderungen unserer Zeit.
Lobt niemanden so sehr wie den,
der Himmelsräume schuf und die Erde dazu,
der sie immer noch ausbaut und erhält
gegen alle menschliche Vernunft
und Unvernunft, von der es genug gibt.
Gebt allein ihm die Ehre.
Vor den Völkern der Welt
bauen sich unübersehbare Kriege auf,
die steigen wie reißende Fluten.
Du aber läßt dein Volk,
das dich ehrt und dich rühmt,
trockenen Fußes hindurchschreiten
und Boden gewinnen.
Die dir trauen wie niemandem sonst,
läßt du durch Wassermassen gehen,
die festes Land freigeben.
Nun kommt und hört gut zu,
die ihr Gott achtet, ich will erzählen,
was ich mit Gott erfuhr, was er für mich tat.
Ich rief ihn an, ich klagte, ich lobte.
Ich bat nichts Unvernünftiges,
Gott hätte es überhört.
Er zeigte mir den gangbaren Weg
durch seine Wegzeichen, die Gebote.
Gott hört auf unsere Gebete.
Er hört die Gebete der Gemeinde.
Gott sei Dank.

67

Gott, sei uns gnädig.
Auch wenn wir grob mit ihr umgehen,
laß uns in deiner Schöpfung
den Abglanz deines Angesichts erkennen.
Die Völker jubeln dir keineswegs zu.
Sie sollten sich um ihrer selbst willen freuen,
denn du verwelkst und vergehst nicht,
wie sie welken und verblühen.
Bleibe in unserer Nähe,
wenn wir uns von dir entfernen.
Du Maßstab der Gerechtigkeit,
der Unrecht Unrecht nennt,
unter dessen Heil sich aufrichten,
die hilflos am Boden liegen,
gib uns, was wir zum Leben brauchen.
Lehre uns danken und unseren Dank
an andere weitergeben.
Du wendest dich uns zu,
auch wenn wir uns abwenden.
Alle Völker hoffen auf dein Heil,
die Welt auf deinen Frieden.
Es segne uns Gott.

68

Gott,
dein Name wird genannt,
und alle anderen Namen verblassen.
Wie Rauch verwehen und vergehen
die Namen, die wir uns machten,
wie Wachs zerschmolzen,
sind sie nicht mehr da.
Du herrschst in den Himmeln
und zeigst deinem Volk das Land
hinter den weiten Wüsten.
Du bist Tag und Nacht die Orientierung.
Dein Recht und deine Gerechtigkeit
bleiben Grundlage allen Rechts,
sind die Grundlage jeden Friedens.
Nicht der Himmel ist deine Wohnung,
nicht die unendlichen Weiten des Raums.
Immer ist der Himmel da, wo du bist.
Du holst deinen Himmel dorthin,
wo du handelst, und dein Wort gilt,
wo deine Gemeinde dich lobt.
Alle Herren und Mächtigen der Erde,
solche, die immer noch Kriege führen,
und andere, die den Frieden jetzt wollen,
sollen deinen Frieden anerkennen.
Auch die dir widersprechen,
die dir und der Gemeinde lästig sind,
sollen sich dir unterwerfen.
Du gibst die Last, du trägst die Last,
Lasten läßt du ertragen.
Du selbst nimmst Lasten auf dich
und machst uns fähig, die tägliche Last
auch anderer zu tragen.
Gelobt sei Gott.

Der Essig getrunken hat

69

Ich bin geschlagen.
Zu Unrecht wurde ich beschuldigt.
Hilf mir, mein Gott,
das Wasser steht mir bis zum Hals.
Ich weiß nicht mehr aus noch ein.
Meine Augen sind blind für einen Ausweg.
Daß ich vor dir schuldig wurde, weiß ich,
meine Torheiten kennst du.
Aber sie sagen, ich solle zurückgeben,
was ich nie geraubt habe.
Sie treiben ihren Spott mit mir,
am Stammtisch schwatzen sie über mich.
Schamrot soll ich darüber werden,
dabei halte ich mich doch nur an dich.
Sie machen sich lustig, weil ich mich gern
zu deinen Gottesdiensten halte.
Ich weiß, es steht mir im Gesicht geschrieben,
daß ich um deinetwillen verachtet werde.
Letzten Endes geht es um dich.
Du hast mir die ganze Last aufgebürdet.
Nun aber hör mir zu,
denn mir ist angst und bange.
Du allein, mein Gott, kannst noch helfen,
mitleidige Menschen finde ich nicht.
Du hast mich geprüft und geschlagen,
also kannst du auch helfen.
Du hilfst allen, die dich loben.
Nicht zu fassen, aber es ist so,
du hilfst den Elenden und Außenseitern,
mir öffnest du die Augen für die Armen.
Du hilfst dem, der dich lobt,
und der einmal Essig getrunken hat,
den machst du unüberwindlich.

70

Nichts
habe ich in Händen,
als meine übergroße Not.
Ich eile mich, dich anzurufen.
Versäume nicht, mein Gott,
mir zu helfen, mich zu retten.
Über mein Unglück freuen sich genug Leute,
die sagen: Sieh mal an, selbst schuld.
Die mich verdrängen möchten,
sollen sich schämen.
Sie sollen daran denken,
daß ihnen Gleiches geschehen kann.
Von einer Minute zur andern
kann sich ihr Leben ändern.
Aber die nach dir fragen, die dich mögen
und die mir wohlgesonnen sind,
sollen trotz allem sagen:
Gelobt sei Gott.
Jetzt bin ich elend und arm.
Bau mich auf, stärke mich,
zögere nicht,
mir zu helfen.

71

Auf Felsen kann ich
heute nicht mehr fliehen,
und Burgen verkommen zu Ruinen.
Doch immer noch bleibst du, mein Gott,
meine vollkommene Sicherheit,
sicherer als alle Versicherungen.
Du bist mein Grund und Boden,
der unverwüstlich ist,
der einen Unterschlupf für mich hat,
einen Ort, der mir vertraut ist.
In meinem Alter, mit Sorgen ergraut,
sind Sicherheiten unsicher geworden,
und keine Versicherung
wird je einen Tod aufhalten können.
Die Krankheit bindet
meine mir noch verbliebenen Kräfte.
Freunde werden weniger.
Es ist aus mit ihm, sagen die Leute,
keiner kann helfen.
Sie sagen nicht wie früher:
Gott hat ihn verstoßen,
oder: Gott nimmt ihn zu sich.
Doch wünschen sie, daß es zu Ende geht.
So hat er's leichter, sagen sie,
und wir haben freie Bahn, denken sie,
wir haben eine Last weniger.
Du verläßt mich nicht im Alter.
Kindern und Enkeln will ich erzählen
deine unerwarteten, kaum erhofften Taten,
will Lied um Lied deine Wunder besingen.
Deine Gegenwart,
gefüllt mit Vergangenheit,
verheißt Zukunft.

72

Atemlos hasten
die Mächtigen der Welt
von Gipfel zu Gipfel
und behalten doch nicht die Übersicht.
Die Höhe ist ihre Heimat.
Sie steigen selten in Niederungen,
in Schluchten und Täler der Not.
Die Herrschenden herrschen
aus eigener Machtvollkommenheit.
Auch wenn das Volk sie wählte,
lieben sie nichts mehr als Macht.
Du aber bist der König,
dem kein Mächtiger gleichkommt,
der sich auf Berge und Gipfel nicht verläßt,
der Gruben und Löcher nicht meidet.
Alles ist deine Schöpfung,
die Sonne und der Mond,
der Regen und das Meer.
Von den Bergen,
den Übersichtstürmen der Macht,
fließt dein Friede und wird zum Strom.
In den grünenden Ebenen,
die deinem Weitblick Raum geben,
blüht Gerechtigkeit ohne Ende.
Dein Name bleibt Name,
solange die Sonne ihren Glanz behält
und der Mond in der Nacht
seinen Schein in die Dunkelheit sendet.
Dein Name bleibt der Name,
der unaussprechlich blüht,
wie das Getreide im Land voll steht.
Städte sollen grünen
wie üppiges Gras.

73

Gott, du bist mein Trost.
Wie es auch kommt, ich bleibe bei dir.
Du bist meine Zuversicht.
Ich will nicht reden wie die Besserwisser.
Sie haben keine Mühsal,
gut geht es ihnen.
Klugschwätzer und Wichtigtuer
meinen sich alles erlauben zu können,
nur weil sie nicht an dich glauben.
Sie haben sich von dir gelöst
und nennen sich ungestraft gottlos.
Nicht einmal du stehst ihnen im Wege.
Diese Leute der neuzeitlichen Gottlosigkeit,
die dein Wort nicht wahrhaben wollen,
leben gut, leben sorglos.
Deine Weisungen stören sie nicht.
Weil du nicht alles erlaubst,
erlauben sie sich selbst alles und sagen:
Wie sollte Gott etwas von unserem Tun wissen,
wenn es ihn doch nicht gibt?
Ich aber bin geplagt, oft eifersüchtig,
bin immer aufs neue geschlagen,
wenn ich erfahre, daß es denen gut geht,
die nicht auf dich hören.
Doch sehe ich auch, daß du eingreifst,
wenn ihr Standort schlüpfrig wird
und Träume wie Seifenblasen zerplatzen.
Nein, neidisch will ich nicht werden
und auch nicht über sie triumphieren
und schadenfroh lachen, wenn sie fallen.
Wenn ich in deiner Nähe sein kann,
ist alles gut, und ich erzähle von dir.
Groß ist zu dir mein Vertrauen.

Kein Denkmal

74

Warum, mein Gott,
verstößt du uns für immer,
warum bist du so zornig
und läßt uns tief stürzen?
Unsere Gotteshäuser sind nicht zerfallen,
aber leer sind sie, und wenige
wollen dein Wort hören.
Unbekannt wurde dein Name auf den Straßen.
Nur die Namen der Kirchen
erinnern denkmalgeschützt an dich,
als wärest du ein Denkmal aus alten Zeiten.
Die Leute bewundern die Werke
der Baumeister und Glasmaler und genießen
Konzerte der Chöre und Orchester
in deinen akustischen Räumen.
Doch auf den Straßen des Alltags
wird dein Wort vergessen.
Deine Kirchen sind nicht der Rede wert.
Nicht einmal Städtebauer
brauchen sie als nützliche Dominanten.
Sie sind weniger beachtet als die Trümmer
deines Tempels in Jerusalem.
Und doch: Du, unser Gott,
vergiß nicht das Leben der Armen,
laß uns am elenden Dasein nicht vorübergehen,
bei Tag nicht und auch nicht in der Nacht,
denn die Gebeugten werden mehr.
Bleibe du in unserer Gegenwart der Gott,
der in die Schlupfwinkel der Gewalt leuchtet,
der Gott, der Taten des Heils vollbringt,
der kein Denkmal ist, aber
uns denken lehrt.

75

Hoch lebe
die Macht der Ohnmächtigen.
Dir, Gott, ist zu danken.
Vorgänge, die nicht zu übersehen sind,
Unvorhergesehenes, das alle überrascht,
Ereignisse, die niemand erwartete,
sind deine Wunder.
Den Augenblick der Wende,
der unseren Wünschen verborgen bleibt,
bestimmst du allein.
Die Zeit deines unbestechlichen Gerichts
machst du durch Taten bekannt.
Die groß daherreden
und bessere Zeiten versprechen,
spielst du gegeneinander aus.
Nichts bleibt am Ende für die,
die den Zufluß großer Gewinne erwarten.
Sie haben letztlich nichts,
womit sie ihren Durst stillen können.
Mit einem leeren Glas
müssen sie sich begnügen.
Erwartet nichts vom Westen,
so großartig seine Pläne auch sind.
Auch der Osten läßt euch leer ausgehen.
Der Richter ist allein Gott.
Seine Gerechtigkeit ist nicht auszumessen.
Einer bleibt oben, der andere fällt.
Wie es auch sei,
ich singe von Gottes Gerechtigkeit.
Die Macht der Ohnmächtigen,
sie lebe.

Der Herr der Welt

76

Gott Israels,
der du auch unser Gott bist,
der Herr der Welt bist du.
Rücke die Machtverhältnisse zurecht,
weise die Mächtigen in ihre Schranken,
zerbrich Rüstungen und Aufrüstungen,
lege dunklen Geschäften das Handwerk,
vernichte die Waffenschiebereien.
Stelle dich auf die Seite der Wehrlosen,
stehe den Armen bei, den Unterdrückten,
den Ohnmächtigen in dieser Welt.
Sie sollen frei und unbeschwert leben.
Dein Spruch ist Friede und Gerechtigkeit,
der Benachteiligte aufatmen läßt.
Dazu bedarf es der Waffen nicht.
Sie haben Schrottwert.
Fragwürdig ist für Unterdrückte die Hilfe,
die durch das Zehnfache
an Waffen gesichert werden muß.
Die Mächtigen der Erde sollen sich fürchten.
Alle gehen vor dir in die Knie,
wenn sie deinen Urteilsspruch hören,
der Friede und Gerechtigkeit heißt.
Wenn unser Gott
Zeichen menschlichen Hochmuts zerschlägt,
wenn er die chaotischen Aufrührer
in ihre Schranken weist,
dann rückt er Machtverhältnisse zurecht.
Unser Gott ist er, der Gott Israels.
Er ist der Herr der Welt,
Herr der Gemeinde.

77

Ich rufe zu dir, Gott.
Meine Hand ist ausgestreckt.
Sie sucht dich zu ergreifen
und findet dich nicht.
Warum bist du so versteckt?
Bist du noch der Gott,
der deiner Gemeinde helfen kann,
oder hast du dich zurückgezogen?
Hast du dich von uns abgesondert,
dich verändert und vergessen,
wie gnädig du sein konntest?
Ich fühle mich verlassen und verstoßen.
Laß dein Volk nicht ohne Antwort
und deine Gemeinde nicht ohne Zuneigung.
Ich denke an deine unverhofften Taten,
an deine früheren Wunder.
Ich denke und sinne darüber,
daß dein Weg der unbeirrbare Heilsweg ist,
und nirgendwo ist eine Macht,
die die Kraft deines Namens übertrifft.
Du bist ein Gott, der Wunder tut,
der uns Unerwartetes erwarten läßt.
Mit dir will ich es wagen.
Wenn Wassermassen auf uns zurollen,
müssen sie sich teilen.
Wenn Sorgenberge sich erheben,
müssen sie sich vor dir fürchten.
Du wirst dein Volk und deine Gemeinde
sicher führen,
auch wenn Sorgen und Belastungen
sich wie Wellenberge auftürmen
und die Erde vor Unfrieden bebt.

Kinder und Kindeskinder

78

Gott spricht zu seinem Volk.
Zu seiner Gemeinde redet er.
Er greift zurück in die Geschichte,
die lehrt, wie er mit seinem Volk handelte,
das nicht unser Volk ist,
von dem wir lernen können, was es heißt,
mit Gott verbunden zu sein
und von ihm und mit ihm zu leben.
Die wunderbaren Taten Gottes
wurden den Kindern nicht verschwiegen
und nicht den Kindeskindern,
bis sie uns erreichten und den Gott lehrten,
der unser Gott sein will.
Er führte das vormals geknechtete Volk
in das gelobte Land hinter den Wüsten.
Er ließ Wasser aus dem Felsen strömen
und Manna vom Himmel regnen,
genug für Durstige und Hungrige.
Er gab ihnen seine menschlichen Gebote,
sie vor Unmenschlichkeit zu bewahren.
Er schloß mit ihnen einen Bund,
den er niemals brach und oft erneuerte.
Sie aber lehnten sich auf,
hielten die Gebote nicht und wiesen Gott ab,
der doch zu seinem Volk hielt,
obwohl es ihn verlassen wollte,
der treu blieb bis heute.
Wir aber lernen aus dem Leid,
lernen aus Gottes Zorn und Vergebung,
lernen, seine Gebote und Taten weiterzusagen,
damit wir von seiner Treue erzählen,
von seinem unerwarteten Handeln,
Kindern und Kindeskindern.

79

Wir klagen, Herr, wir klagen.
Dein heiliger Tempel wurde entehrt,
Kinder, Männer und Frauen erschlagen.
Verüble es uns nicht,
daß wir wütend sind und zornig.
Schmach und Schande auch über uns.
Wir wissen, daß wir schuldig wurden,
daß nichts von ungefähr kam.
Das Schlimmste aber ist, daß der Ort,
an dem dein Name verkündigt wird,
geschändet wurde und deine Leute mit ihm.
In Schutt und Asche liegt alles.
Hilf uns, Herr, mit deiner Gerechtigkeit.
Nur dein Gericht kann uns helfen,
sonst sind wir erledigt.
Du zürnst mit uns,
aber wann zürnst du mit denen,
die uns plagen, die dich nicht kennen?
Bis in den Staub sind wir gedemütigt.
Wie lange willst du das Spiel mit uns treiben?
Es ist genug, reiß uns aus der Schmach,
damit niemand über uns spotten kann:
Na, wo ist denn nun ihr Gott?
Vergiß uns nicht, zeig uns dein Heil.
Zeig dein Gericht und dein Heil öffentlich.
Wir bilden uns nicht ein,
Herren unserer selbst zu sein.
Wir sind dein Volk, deine Gemeinde,
sind Schafe auf deiner Weide,
eingestimmt auf deine Stimme.

80

Wir sind am Ende,
sprich du uns Mut zu.
Laß deinen Namen hell strahlen,
das brauchen wir wie Brot.
Wir sind nicht dein Volk Israel,
das du wie ein Hirte aus Ägypten führtest.
Wir sind auch nicht der Weinstock,
den du dort auspflanztest,
damit er im verheißenen Land Wurzeln schlüge.
Aber du hast uns angenommen.
Du hast deinen Weinstock
aus deinem Volk Israel uns eingepflanzt,
damit er sich ausbreite.
Einmal waren wir viele,
und dein Segen machte uns hochmütig.
Nun aber spotten die Nachbarn über uns,
und deine Gemeinde wird weniger.
Jetzt sind wir am Ende,
wenn du uns nicht Mut zusprichst.
Hell ist die Leuchtkraft deines Namens,
die wir brauchen wie das Brot zum Leben.
Laß dein Wort verkündigen,
damit die Völker zur Vernunft kommen.
Öffne der Schwerhörigen Ohren,
die Füße der Lahmen setze in Bewegung,
um dort für Gerechtigkeit zu sorgen,
wo Zerstörung um sich greift.
Deine Gemeinde soll sich besinnen,
was zum Frieden taugt und was
dein Wille ist.
Wir sind am Ende, tröste uns.
Wende zu uns dein Angesicht.

81

Alle, deren Schutzmacht Gott ist,
sollen laut singen,
solange sie noch können.
Mit Musik macht Gott bekannt,
seine großen Taten sagt weiter.
Schlagt Pauken zur Zeit des Vollmonds,
wenn das Gestirn sinken will.
Blast Trompeten zur Zeit des Neumonds,
wenn er sich wieder erhebt.
Zu allen Zeiten macht Musik zu Gottes Lob,
dem Gott der Geschichte, der heute handelt,
denn seine Zeit ist ständige Gegenwart.
Merkt euch,
in keinem Jahr duldet er Götter neben sich.
Er sagt, kein anderer Gott
soll eurem Leben Sinn geben, nicht
Taten der Macht, nicht vergehendes Geld,
nicht Machwerke der Geschwindigkeit.
Nutzt sie, doch verfallt ihnen nicht.
Hört auf mich, auf mich allein,
denn ich bin der Herr, euer Gott,
auf mein Wort hört, das Tat ist.
Hört auf mich, der aus der Knechtschaft führt,
aus Unterdrückung befreit.
Wenn mein Volk, wenn meine Gemeinde
nur auf mich hörte.
Ich werde mein Volk speisen
mit dem besten Weizen, mit meinem Brot.
Keinen Honig schmiere ich euch um den Mund,
aber die Süße meiner Hilfe
wird euch erquicken.

82

Sie lassen sich nichts sagen,
sind blind und taub und meinen,
du stündest vor ihrem Gericht.
Aber du, Herr, richtest alle Götter
nach deinem Maßstab, nach deinem Gesetz.
Vor dir gehen zugrunde
die Götter der Macht und der Gewalt,
des Reichtums Götter ebenso
wie die des Wohllebens,
die Götter der Geschwindigkeit,
die Götter des Rauschs und der Sicherheit
und auch die Götter der stählernen Härte.
Sie lassen sich nichts sagen,
sind stolz und sehen nichts ein,
und die Welt geht aus den Fugen.
Das ist mein Richtspruch
über die gottlosen Götter, spricht der Herr:
Gebt den Armen ihre Würde zurück,
sprecht gerechtes Gericht über Schuldige,
schafft Heimaten für Umhergetriebene,
den Ohnmächtigen gebt eine Stimme,
und statt der Kriege macht euch Freunde.
Die Erde ist mein Werk.
Sie soll es bleiben.

Warum schweigst du?

83

Warum, Gott, schweigst du?
Schweigst du, weil wir dein Volk
zum Schweigen bringen wollten?
Bist du darum still,
bist du daher schwerhörig,
weil die Schreie deines Volkes Israel
deine Ohren taub machten?
Zu allen Zeiten haben die Völker
und wir beraten, wie dein Volk
zu demütigen sei, wie es auszurotten sei.
Doch wollten wir immer zuerst dich treffen,
dich wollten wir herausfordern,
wollten dich töten und vergessen,
der Israel zu einem Volk gemacht hatte,
wollten endlich sagen können,
daß es keinen lebendigen Gott gibt.
Du aber hast alle,
die dein Volk vernichten wollten,
vor dir hergetrieben,
wie der Herbstwind verdorrte Blätter
vor sich hertreibt.
Schweige nicht, mein Gott,
sei nicht schwerhörig und unbeweglich,
wenn wir unsere Schuld bekennen.
Hör uns, auch wenn wir nicht
dein Volk Israel sind.
Du läßt uns teilhaben an deinem Gnadenwort,
du lehrst uns Worte deiner Weisheit.
Friede und Gerechtigkeit
wurden uns durch dein Volk bekannt.
Gott, schweige nicht,
sei nicht schwerhörig und tatenlos.
Antworte uns.

Schöner,
noch schöner wohnen
will ich bei dir, du lebendiger Gott.
Kein gleichgültiger, kein oberflächlicher,
erst recht kein toter Gott bist du.
Bei dir will ich nicht Eigentümer sein
und nicht als Mieter wohnen.
Ich will dein Untermieter sein,
der unter einem Dach mit dir lebt.
Wie das Junge einer Schwalbe
möchte ich in deinem Nest sein,
aufwachsen unter deiner Sonne,
behütet und versorgt von deiner Stärke.
Wie Eltern ein Kind behüten,
umgibt mich in deinem Haus deine Liebe.
Deine Wunder wandeln Klage in Lob,
Segen wandelt Dürre in fruchtbares Land.
Davon will ich mit deiner Gemeinde singen,
an Orten, wo du gelobt wirst,
in Räumen, wo von dir geredet wird.
Eine Stunde unter deines Wortes Segen
gibt mir Mut für tausend Stunden.
Ein Tag in deiner Gemeinde
beflügelt meine Pläne für tausend Tage
und gibt meinem Alltag unter Leuten,
die nichts von dir halten,
Sinn und Richtung.
Wohl sind sie meine Nachbarn,
aber ich lebe bei dir wie ein Kind,
lebe unter deinem Segen.

Gerechtigkeit und Friede

85

Herr,
segne uns wieder.
Du warst großzügig mit unserem Land,
hast unsere Schuld aufgedeckt
und uns bewußtgemacht.
Du hast uns wieder zusammengeführt.
Deine Güte und Treue beschämen uns.
Nur mäßig dankten wir dir.
Dein Zorn darüber hielt sich in Grenzen.
Deine Wut wandeltest du in Güte.
Du bist unser Gott,
der unsere Gedanken heilt.
Ohne deinen Segen ist alles Tun nichts.
Der Friede steht auf schwachen Füßen,
ihm fehlt das Rückgrat der Gerechtigkeit.
Sie kann nicht Fuß fassen,
wenn kein Friede in Sicht ist.
Wer hört schon deine Botschaft vom Frieden,
wer hört auf dein Wort,
daß Gerechtigkeit Frieden voraussetzt
und Friede der Gerechtigkeit bedarf?
Du willst, daß sich Güte und Treue begegnen,
Güte, die nichts unter den Teppich kehrt,
Treue, die dich beständig fragt.
Dann erst werden sich
Gerechtigkeit und Friede begegnen
und nicht aus dem Weg gehen, werden sich
unter deinen Augen umarmen und küssen.
Dann wird alle Welt aufatmen.
Die verwundete Erde wird heilen.
Herr, segne uns wieder.

Höre meine zitternde Stimme

86

Niemand soll glauben,
daß die Not beten lehrt.
Ständig das Gespräch mit Gott üben,
das erst macht mich fähig,
auch in der Not zu beten.
Ihn täglich rufen, ihn erinnern,
auf meine klagende Stimme zu hören,
das lehrt mich, mit Gott
auch dann zu reden,
wenn von ihm keine Stimme zu hören ist.
Ich verlasse mich auf Gottes Hilfe,
auch wenn sie nicht
meinen Wünschen entspricht.
Ich weiß, daß bei ihm meine Not
gut aufgehoben ist.
Darum rufe ich und sehne mich:
Hilf mir, mein Gott,
höre meine zitternde Stimme.
Ich verlasse mich auf dich
und weiß, daß du meine Worte hörst.
Ich brauche deine Weisung
in meiner undurchsichtigen Lage.
Deine unmißverständliche Wahrheit
brauche ich, um die Übersicht zu behalten.
Ich weiß, du bist auf meiner Seite,
auf der Seite der Armen und Belasteten.
Ich brauche ein Zeichen von dir,
das mich tröstet.
Antworte mir.

87

Jerusalem
ist Gottes Stadt,
in der die Gemeinde sich sammelt.
Heimat ist diese Stadt,
die Gottes Herrlichkeit kündet,
Heimat für alle, die dich lieben,
für die du Mutter der Völker bist.
Ursprung für alle,
die in Weltstädten nur Einwohner,
aber in deiner Gemeinde
zu Hause sind.
Ausländer sind wohlgelitten.
Die in Jerusalem geboren sind,
die sich zu der Stadt bekennen,
mit der dein Name verbunden ist,
die dich in deiner Gemeinde loben,
sie sollen glücklich sein.
Mein Ursprung
ist in dir.

Du wirst

88

Mein Gott,
der du Leben bist,
vor mir gähnt der Abgrund,
das Lebensende rast auf mich zu.
Laß mein Gebet deine Ohren erreichen.
Ich rufe nicht, ich schreie.
Wissen sollst du meine Hilflosigkeit,
wenn schon mein Tod nicht zu verhindern ist,
dieser Tod, in dem du nicht bist.
Ich bin vollgestopft mit Leiden.
Die Grube als letzte Erdverbundenheit
scheint schon ausgehoben.
Sie soll nicht sein und ist doch
die letzte Wirklichkeit dieser Erde,
an der es keinen Zweifel gibt.
Ich zähle mich fast zu den Toten,
zu denen, die vor mir ins Grab sanken.
Ich denke, du hörst mich wohl,
aber ich bin von deiner Hand geschieden,
fast entzogen deiner Macht.
Die Nächsten haben mich verlassen,
Freunde habe ich nicht mehr.
Im Grab wird niemand von dir erzählen.
Wird dort deine Treue unbekannt sein?
Wird im Lande des Vergessens
noch von deiner Gerechtigkeit die Rede sein?
Trotzdem wirst du mich als der Lebende
an den Rand des Todes geleiten.
Solange rufe ich dich täglich,
strecke meine Hände zu dir aus.
Wirst du auf der anderen Seite stehen?
Mein Gott, du wirst.

89

Wer ist wie du, Jahwe?
Niemand ... kann ich nur sagen.
Deine Treue hält, was sie verspricht.
Ein festes Fundament hat deine Gnade.
Das weiß deine Gemeinde.
Wir können noch soviel erforschen,
hinter die letzten Geheimnisse
kommt niemand.
Es genügt zu wissen, daß du bist.
Keiner im Himmel läuft dir den Rang ab,
und die geheimen Verführer fürchten,
daß deine Macht ungebrochen bleibt.
Du bist der, der Königswürde hat.
David, der König, wird sie weitergeben.
Er wird sagen: Mein Sohn bist du,
mein Vater, mein Gott, mein Schutz.
Durch keinen Zwischenfall soll dieser Bund
aufgelöst und zerstört werden.
Du willst dich nicht lächerlich machen,
denn was du versprochen hast,
willst du nicht umwerfen.
Doch warst du lange verborgen,
warst zornig und hast uns nicht geschützt.
Du entferntest dich von dem,
der zu dir sagen durfte: Mein Vater.
Warum nur hast du dich zurückgezogen?
Laß die Leute nicht über dich spotten,
dazu ist ein Menschenleben zu kurz,
und wir wollen deine Gnade spüren.
Dennoch: Gelobt seist du
an jedem Tag.
Amen.

90

Du bist Gott
der Schöpfung und der Geschichte.
Vergangenheit und Zukunft
bleiben deine Gegenwart,
in die wir zu jeder Zeit flüchten können.
Solange dein Schöpfungstag währt,
läßt du die Menschen sterben und nimmst
ihren Staub zurück in deine Schöpfung.
Wie Gras sind wir, das blüht und welkt.
Wie leeres Geschwätz
plätschern unsere Jahre dahin.
Sind es siebzig, sind es achtzig Jahre?
Mühe und Arbeit waren ihre Köstlichkeit,
so vergeblich sie in deinen Augen
und in den Augen der Kinder auch sind.
Dem Streß verheißt du keine Köstlichkeit,
nur der Mühe, der Sorgfalt,
dem immer sich wiederholenden Einerlei,
dem Werk unserer Hände,
das du fördern möchtest.
Wir bitten dich um Arbeit für unsere Hände
und für unseren Kopf auch, damit wir uns
nicht selbst die Mühe wegnehmen,
so vergeblich sie in deinen Augen sein mag.
Lebensnotwendig ist für uns Arbeit.
Sie braucht deine Förderung.
Laß uns klug werden und nie vergessen,
daß wir dem Tod verfallen sind.
Du aber bleibst der stets Gegenwärtige,
der mit uns zornig und gnädig ist,
der uns fröhlich und gelöst sein läßt,
der unsere Zuflucht ist.

91

Das sage ich dir:
Ob du hoffnungslos bist
oder atemlos vor lauter Plänen,
der Ruhebereich Gottes besteht.
Auch wenn du gejagt wirst
und kaum Zeit zum Luftholen hast,
Gott bleibt der Ort der Zuflucht.
Wenn es auch scheint, als bliebe
keine Möglichkeit, eine Deckung zu finden,
Gottes Flügel bleiben ausgebreitet
und machen sich für deine Sicherheit stark.
Du mußt dich nicht fürchten,
nicht in der angsterfüllten Nacht,
nicht, wenn die fiebrige Hast des Tages
im pfeilgeschwinden Ablauf sich verflüchtigt.
Auch wenn tausend oder zehntausend
um dich gottlos und wie leblos sind,
dich muß es nicht ängstigen.
Mit eigenen Augen kannst du sehen,
wie es denen geht,
die Gott nicht wahrhaben wollen.
Das sage ich, dein Gott, zu dir:
Wenn du dich an mich hältst,
wenn ich dein Zufluchtsort bin,
dann geschieht Unerwartetes.
Es wird nicht alles glatt gehen
Ungeheuerliches und Stolpersteine
werden deinen Weg säumen.
Aber die Engel, meine starken Boten,
werden dich behüten.
Sie werden dich auf Händen tragen.
Ich habe es ihnen befohlen.

92

Das möchte ich wohl,
von morgens bis abends
und des Nachts dazu dir danken
und deinen Namen verkündigen.
Ich bewundere, was du geschaffen hast.
Die Harfe möchte ich schlagen und,
wenn ich sie hätte, auf der Zither spielen.
Fröhlich möchte ich singen,
wenn meine Stimme nicht so brüchig wäre.
Ich weiß und glaube es,
daß die Tiefe deiner Gedanken unergründlich
und deine Werke unermeßlich sind.
Aber ich klage, daß wir Menschen
deine Schöpfung tödlich zerstören.
Die Oberflächlichkeit unserer Gedanken
kann in deine Tiefe nicht hinabsteigen,
in deine Höhen kann sie sich nicht erheben.
Die Gedanken der Gottlosen aber,
die sich anmaßen, deine Gedanken zu denken,
wuchern üppig wie grünes Unkraut.
Doch welken sie schnell dahin.
Kostbar bleibt es, dich zu loben,
ein Trieb an deinem Baum,
den du gepflanzt hast und nährst,
ein Trieb, der teilnimmt an deiner Kraft.
Mit hohem Alter hast du mich gesegnet.
Es ist deine Gnade, daß ich noch blühe,
ausschlage und Früchte bringe
und deinen Namen verkündige,
an dem kein Unrecht ist.

93

Der Herr ist König,
der sich selbst sein Land schuf,
ein König, der selbst sein Volk berief,
kein Eroberer, kein Unterdrücker.
Sein Schmuck ist die Erde,
seine Kraft sind die Weiten des Himmels.
Der Herr ist König,
nicht einer von denen, deren Zeiten
doch ablaufen, wie Wasserströme ablaufen,
kein Machthaber, kein Diktator,
doch ein König wie sonst keiner.
Immer warst du gegenwärtig,
und Gegenwart ist deine Zukunft.
Wasserwogen im Meer brausen,
Menschen auf dem Land tosen,
Katastrophen und Kriege schrecken uns,
aber du bist größer, du bist gerecht.
Du bist wahrhaftig
ein König.

Richter der Unbelehrbaren

94

Jahwe, du Richter der Welt,
der die Unbelehrbaren richtet,
nimm keine Rücksicht,
sag den Uneinsichtigen deinen Spruch,
den trotzigen Gewalthabern ebenso.
Bring die zum Schweigen, die ewig prahlen,
stopfe den hochmütig Protzenden den Mund.
Zu lange zerschlagen dein Volk
Freischärler und Schwadroneure.
Marodeure und Terroristen demütigen
deine Gemeinde und schänden
Kinder, Frauen und Minderheiten.
Den Menschen gabst du Augen und Ohren,
Gutes und Schlechtes zu sehen und zu hören.
Hör unsere Klagen
und sieh, wie deine Erde zugerichtet wird.
Dein Richterspruch schafft den Ausgleich,
denn Recht muß doch Recht bleiben.
Dein Spruch vertreibt das Unrecht,
das wie Nebel verweht.
Ich gehe in deine Schule.
Deine Weisungen leiten mich, bis ich merke,
was gut und recht ist, und weiß,
daß du recht richtest.
Voller Sorgen bin ich, voll Vertrauen auch.
In Not und Bedrängnis bist du da.
Du stützt mich, wenn ich unsicher bin.
Du, Gott, bist Richter,
die Verbrechen der Welt zu ahnden.
Geschändete schützt du,
vergegenwärtigte Schuld vergibst du
und vertrittst meine Schwachheit.
Du bist der Anwalt.

Durch Wüsten gehen

95

Lobt Gott,
der die Erde machte,
die wir eifrig verbrauchen.
Nur zu gut wissen wir,
daß niemand diese Erde erneuern kann,
die wir sehenden Auges plündern.
Dankt Gott, denn in seiner Hand
sind alle Höhen und Tiefen, Berge und Meere
und was darin verborgen ist.
Dankt Gott, lobt ihn.
Seid nicht störrisch, nicht hartgesotten.
Lehnt euch nicht gegen seine Gebote auf,
gegen seine Schöpfungsabsicht.
Wer meine Weisungen mißachtet, sagt Gott,
wer nur auf seinen Vorteil bedacht
und halsstarrig ist,
den lasse ich vierzig Jahre lang
ruhelos durch Wüsten ziehen.
Dir sei heute Dank,
daß dein Zorn, Herr, endet,
wie vierzig Jahre einmal zu Ende gehen.
Auch die durch Wüsten gehen,
erfahren deine Güte.
Wer Gott lobt und ihm dankt,
wird Weideplätze
genug haben.

Denn er kommt

96

Singt nicht das alte Lied
der wiederkehrenden Langeweile,
des täglichen Lebens
sich wiederholende Gleichgültigkeit.
Singt dem Herrn das neue Lied,
singt und verkündet sein Handeln.
Die Völker sollen seinen Namen preisen,
den alle Welt ehren soll.
Nichts sind die Göttergötzen,
die sich die Völker
zum eigenen Ruhm aufbauen.
Sie haben den Himmel nicht gemacht,
keine Erde und nicht den Menschen geschaffen.
Sie sind Nichtse und nicht zu fürchten.
Verkündigt täglich
die ungebrochene Schöpferkraft Gottes,
die das Meer noch immer brausen läßt,
obwohl wir es nach Kräften verunreinigen,
die Nahrung bereitstellt auf Feldern,
die wir sträflich ausbeuten.
Verkündigt Gott, der Wälder wachsen ließ,
die wir zum eigenen Genuß
und Schaden brandroden,
seine Schöpferkraft, die Leben schafft,
das bis heute sein Geheimnis ist.
Singt dem Herrn, verkündigt sein Tun
in dieser zu Ende gehenden Welt.
Sagt, daß Gott die Welt richten wird,
Nord und Süd mit seiner Gerechtigkeit,
Ost und West mit seiner Wahrheit,
denn er kommt ... denn er kommt.
Laßt euch nicht irre machen.
Singt das Lied vom Leben.

Lobt Gott, den König

97

Der Herr ist König.
Sein Herrschaftsbereich ist die Erde.
Seine Gerechtigkeit sind die Himmel.
Die Völker sehen seine Herrlichkeit,
Heilige und Gottlose ebenso wie
Schamlose und Gerechte.
Ehrt Gott, dessen Machtfülle umfassend bleibt,
auch wenn wir sie anmaßend und gern
auf andere Götter verteilen.
Ihm gebührt die Ehre.
Alle Mächte, die wir zu Göttern erheben,
bleiben ihm untergeordnet.
Sie sind keine Götter, sie sind ihm untertan,
die Stars und Idole,
Wunschträume, denen wir nachjagen,
Machtträume, die uns binden
und Unmenschliches freisetzen,
Geschwindigkeitsträume,
die uns von dir entfernt haben.
Verehrt Gott, den ihr nicht seht,
dessen Schöpfung ihr seid.
Die Erde, von deren Gaben ihr lebt,
und alle Himmel umgeben euch.
Licht und Wolken, Tag und Dunkel,
Feuer und Donner, die Berge und das Meer,
Gerechtigkeit und Güte sind um ihn her.
Preist Gott, der Veränderungen schafft,
die niemand ahnt.
Neben ihm schwindet der Mächtigen Macht.
Ein Licht geht denen auf, die ihn lieben.
Lobt Gott, den König.
Er ist allein Gott.

98

Wunder tut er,
nicht erwartete Taten,
unverhofftes Heil bringt er
und Veränderungen, die niemand ahnt.
Bis an die äußersten Enden der Welt,
bei allen Völkern wird bekannt,
was seine Gerechtigkeit schafft.
Seine Treue zum Volk Israel bedeutet viel
für alle, die in Gottes Heil heimisch sind,
die auf sein Kommen warten.
Darum singt ein neues Lied.
Singt nicht das alte Lied,
alles sei unzureichend und schlecht.
Singt ein neues Lied,
das die Meereswogen übertönt,
das der Flüsse strömendes Lob aufnimmt
und die majestätische Melodie
auf- und absteigender Linien
ferner Bergrücken folgt.
Singt dem Herrn und lobt ihn.
Mit allen Instrumenten, die ihr kennt,
zieht dem König entgegen.
Denn er kommt,
mit nicht auszumessender Gerechtigkeit
das Erdreich zu richten.
Wunder tut der,
der kommt.

99

Mein Gott,
es ist ungewiß,
ob die Völker vor dir zittern.
Zu selbstgewiß sind die Mächtigen.
Alle Welt schlägt aufeinander ein,
es zittert einer vor dem anderen.
Aber sie sollen vor dir zittern,
denn die Erde bebt, sie leidet
und sehnt sich nach Gerechtigkeit.
Sie sollen deinen Namen preisen,
der über alle Namen erhaben ist.
Doch sie wollen zuerst sich
einen Namen machen, wollen Türme bauen,
deren Spitzen den Himmel erreichen,
und legen diese Türme
wieder in Schutt und Asche.
Du hast das Recht lieb.
Deine Gerechtigkeit und dein Gericht
werden alle zu spüren bekommen,
die der Ungerechtigkeit frönen.
Die Völker sollen alle Entscheidungen prüfen,
ob sie vor dir Bestand haben.
Die Mächtigen sind nicht die letzte Instanz.
Preiset also Gottes Gerechtigkeit,
die ihr das Recht liebt.
Ehrt den Herrn, unsern Gott,
und ordnet euch ihm unter.
Unser Gott herrscht.
Er ist heilig.

100

Trotzdem,
auch wenn alles dagegen spricht:
Jauchzt dem Herrn, alle Welt.
Auch wenn alle Welt
den Wohlstand besingt
und Arme arm sein läßt:
Jauchzt dem Herrn, alle Welt.
Auch wenn alle Welt
ein Loblied auf die Macht singt
und Ohnmächtige ohnmächtig sein läßt:
Jauchzt dem Herrn, alle Welt.
Dient ihm mit Freuden,
denn er ist der Schöpfer,
der uns Geschöpfe geschaffen hat.
Also dient ihm, dankt ihm, alle Welt.
Kommt, Arme und Reiche,
Kranke und Gesunde,
Mächtige und Ohnmächtige,
Junge und Alte, kommt, alle Welt.
Kommt und jauchzt, denn er ist gut.
Seine Liebe besteht.
Nichts spricht dagegen.

Mein Gott,
ich bin kein König.
Nicht, daß ich mir Macht anmaßen will,
aber ich habe Einfluß,
sie hören auf mich in der Familie,
in der Schule, im Amt, auf der Straße,
im Verein, in der Gemeinde.
Und ich muß auf andere im Amt hören,
in der Familie, in der Schule,
auf der Straße, im Beruf, im Verein,
und in der Gemeinde will ich
vor allem auf dich hören.
Angemessen will ich handeln
und mir keine Freiheiten erlauben,
die anderen schaden könnten.
Ich weiß, daß meine Freiheiten dort enden,
wo des Nachbarn Lebensraum beginnt.
Ich versage mir, Nächste zu verleumden,
und widerspreche denen, die gerüchteweise
ohne Sachkenntnis über andere herziehen.
Nach Freunden und Freundinnen
sehe ich mich um und hoffe,
daß sie mich begleiten und dich suchen,
wie ich deine Weisungen suche.
Hochmütig will ich nicht sein,
und die anmaßend sind, liebe ich nicht.
Mein Gott, ich bin kein König.
Doch in meinem Umfeld kann ich
mit deiner Hilfe nach deinem Gebot leben
und meine Nächsten lieben,
als wäre ich sie selbst.

102

Mein Gott,
ich klage nicht an, ich klage
und lass mich nicht abschütteln.
Hör mich an, weich mir nicht aus.
Meine Tage kann ich rückwärts zählen,
bis es aus ist, bis ich vergehe wie Gras.
Mein Stöhnen klingt wie das einer alten Eule,
die einsam in einer Ruine haust.
Meine Nächsten wollen mich nicht hören,
aber du mußt mich anhören.
Müde und matt bewege ich mich,
meine Füße wollen keine Schritte tun.
Sie kleben am Boden.
Mein Herz ist müde und abgeschlagen
und bäumt sich doch auf ...
Ich sehe Feinde des Volkes Menschen jagen.
Sie wissen nicht, wohin sie fliehen sollen,
werden verspottet, mit Fluch beladen
und ihrer Lebensmöglichkeiten beraubt.
Niemand rettet sie vor
falschen Friedensversprechungen.
Höre das Seufzen der Gefangenen,
nimm die Todgeweihten auf,
die Frauen, die Kinder, die Männer,
vergewaltigt und zu Krüppeln geschossen.
Du aber, der nicht vergeht,
der bleibt, der immer ist,
verkürze die Tage des Leides,
laß die Kriege endlich ein Ende nehmen.
Wechsle sie wie ein Kleid
und wandle Leid in Frieden,
damit deine Kinder sicher wohnen.

103

Lobe den Herrn.
Meine Seele, vergiß es nicht.
Lobe ihn, weil er Gutes tut,
weil er deine Sünden vergibt
und Zerrissenes zusammenknüpft.
Lobe ihn, der dich in der Zeit der Not
nicht aus den Augen verliert.
Ein Staubkorn bin ich in einer Staubwolke,
auf dem Weg aufgewirbelt,
die Blumen und Gras verwelken läßt,
sofern Blumen und Gras am Rande
unserer eingeebneten Straßen
noch wachsen und gedeihen
und Abgase nicht das Vernichtungswerk
der Staubwolken übernahmen.
Doch selbst bin ich wie Blume und Gras,
schnell verwelkend im Herbstwind.
Du aber bleibst zeitlos gegenwärtig.
Ich will dich loben.
Du bist barmherzig und gnädig
und vergibst mir, während ich
unbarmherzig und ungnädig bin.
Du bist geduldig und von großer Güte,
auch wenn ich ungeduldig bin
und meine Güte sich in Härte wandelt.
Deine Gnade mißt kein Himmel aus
und nicht der Abstand von Ost zu West.
Deine Gerechtigkeit ist grenzenlos,
und deine Gnade gilt ausnahmslos
für alle Übertretungen.
Ich kann nur staunen
und dich loben.

104

Gott, du bist zu loben.
Du umgibst uns und läßt uns leben.
Die Himmel, die wir erobern möchten,
sind allein dein Werk.
Die Erde, die du gemacht hast,
verkommt uns unter den Händen.
Alle Schöpfung kommt aus deiner Hand,
die du nicht fortziehst,
wenn auch die Gottlosen sich mehren
und wir schuldig werden.
Sonne und Mond teilen sich die Zeit
in Tag und Nacht und wissen nichts
von vergehender Zeit, uns zugewiesen
und allem Geschaffenen,
dem Wasser und den Fischen darin,
der Luft und den Vögeln,
der Erde und den Tieren darauf,
dem Feuer, das wärmt, das brennt,
dessen vernichtende Gluten
wir kaum zu bändigen in der Lage sind,
und uns Menschen,
die deine Schöpfung ausbeuten
und sich scheuen, dich zu loben.
Allen hast du ihre Zeit zugemessen.
Noch warten wir auf dich,
noch stärkst du uns mit Brot und Wein.
Wir wollen singen unser Leben lang,
wie heiser unser Lied auch
in deinen Ohren klingt, wollen dich loben,
solange wir eine Stimme haben, wollen
dringend um deine Güte bitten.
Halleluja.

Von seinem Volk lernen

105

Kein Gottesreich
wolltest du auf der Erde errichten.
Nur wenige Menschen hattest du gewählt,
die wie Abraham dein Wort erlauschten.
Fremd unter anderen Völkern
mehrten sie sich, wurden ein Volk,
ein geknechtetes Volk, ein befreites Volk,
das Volk, das dich liebte und fürchtete.
Staunend sehen wir dein Handeln,
eine Geschichte, die nicht die unsere ist.
Wir lernen dankbar, wie dein Volk,
fremd unter Fremden, murrend und lobend,
geknechtet und zerstreut,
allein dich anerkennt,
dich, den Herrn der Welten.
Wachsen ließest du dein Volk ohne Land.
Als Ausländer verließen sie Ägypten,
überließen sich Gott, der sie leitete,
und die knechtenden Herren ihrem Schicksal.
Ägypter, sich freuend, Ausländer los zu sein,
ließest du schmerzhaft lernen,
die Folgen teuer zu bezahlen.
Ebenso lernte dein Volk,
das dir nicht vertrauen wollte.
Es zog vierzig Jahre durch Wüsten,
lernte zögernd deine menschlichen Gebote,
bis du ihm endlich Land gabst,
in dem es geliehene Heimat hat.
Ihr Völker der Erde, rühmt Gottes Namen,
der sein Volk, seine Gemeinde lehrt,
seine Weisungen zu halten
und von seinen Auserwählten
und von ihm zu lernen.

106

Gott, unser Gott,
wie gut erinnert sich dein Volk
an seine mit dir erlebte Geschichte.
Du gingst gnädig mit deinem Volk um,
hast ihm deine unverdiente Hilfe angeboten.
Alle freuten sich, es ging ihnen gut.
Nie aber vergaßen sie die Sünden der Väter,
weit zurück reichte ihr Gedächtnis.
Gegenwärtig waren die Jahre in Ägypten,
doch deine Wunder wollten sie nicht verstehen.
Sie gingen durch die Wasser
wie über trockenes Land.
In der Wüste waren sie durstig und hungrig,
doch bekamen sie Wasser aus dem Felsen
und Manna genug zu essen.
Du gabst ihnen, was sie erbaten, aber
sie machten sich am Horeb ein goldenes Kalb,
beteten eine gegossene Plastik an,
einen Ochsen, der Gras frißt wie Vieh.
Sie vergaßen die Sünden der Vorfahren nicht,
erinnerten immerzu an Gott,
an seine Gnade, seine Geduld, seine Treue,
seine Vergebung, seinen Bund.
Gott, unser Gott, dein Volk preist dich
mit dem Lob der Erinnerung an deine Güte.
Heute loben wir dich, unseren Gott.
Du meinst es freundlich mit uns,
vergibst uns, obwohl wir dich oft vergaßen.
Wir versuchten, dein Volk auszurotten,
verloren es aus den Augen und verloren dich.
Jetzt frönen wir goldenen Kälbern.
Vergib uns, Herr, unser Gott.

Bittet das Unwahrscheinliche

107

In der Not ruft den Herrn an,
erinnert euch an seine Wunder,
dankt ihm für seine Güte.
Die auf buckligen Wegen gehen,
werden sicher nach Hause geführt.
Deren durstige Seelen sich sehnen,
schöpfen aus der Quelle seines Wortes,
das die Sehnsucht stillt.
Ruft den Herrn nicht nur in der Not an,
für seine Güte dankt ihm jederzeit,
erinnert euch an seine unerwarteten Taten.
Finster wurde es um mich und sehr dunkel,
die Schatten des Todes wichen nicht.
Aber du schicktest Menschen,
die mir halfen, die mir Türen öffneten.
Mauern hast du einreißen lassen,
Grenzen ließest du öffnen, Sperren beseitigen.
Mit Freuden erzählt von Gottes Werk!
Ich taumelte wie ein Trunkener.
Meine Seele war jauchzend bis in den Himmel
und kroch wieder den Abgrund entlang,
bis ich Boden spürte,
bis du mich auf beide Füße stelltest.
Ruft an den Herrn, dankt ihm seine Güte,
erinnert euch seiner Wunder.
Bittet das Unwahrscheinliche.
Mit seiner Hilfe blüht die Wüste wieder,
der Kahlschlag der Arbeit treibt junge Blätter,
Hungrigen schickt er Helfer,
und vor dem gefürchteten Abseits
werden die Armen geschützt.
Wer weise ist und glaubt das,
der erfährt Gottes Güte.

108

Wach auf, mein Gott,
auch wenn du nie schläfst, wach auf.
Mein Herz will dir danken,
wach auf und hör zu.
Ich will das Morgenrot wecken,
will dir singen und danken.
Ein Ende hat die Nacht,
die mir neue Kraft für den Tag gab.
Die sorgenvolle Nacht ist zu Ende,
in deine Hand zurückgegeben.
Schaff uns Beistand in der Not,
ohne den deine Welt
keinen Bestand haben wird.
Menschenhilfe ist uns zu schwach.
Die Völker schlagen unsinnig aufeinander,
und die Macht haben, glauben,
mit ihr auch das Recht gepachtet zu haben.
Die Kleinen leiden, Arme und Kinder auch,
und die Ungerechtigkeiten nehmen überhand.
Ich singe davon, daß deine Gnade
grenzenlos ist und deine Treue zu uns
so weit, wie der Himmel die Erde überspannt.
Deine Gnade soll wie das Morgenrot aufgehen,
soll die geschändete Erde ausleuchten,
die gequälten Menschen trösten.
Mit dir wollen wir Taten tun,
wollen Gerechtigkeit herstellen,
das Morgenrot wecken,
das einen neuen Tag ankündigt.
Mein Herz ist bereit.
Wach auf.

109

Fluchen sie, so segne du.
Sie verdrehen mir die Worte im Mund.
Was ich gesagt haben soll,
entnehmen sie fragwürdigen Akten,
die sie für reine Wahrheit ausgeben.
Sie sagen: Etwas wird schon hängenbleiben.
Und die Leute sagen untereinander:
Es wird schon was dran sein.
Ich aber freue mich und danke dir,
denn ich lebe unter deinem Segen.
Sie versuchen, mir Falschheit anzuhängen,
drucken schwarz auf weiß,
was durch den Grauschleier der Gerüchte
an ihre verstopften Ohren dringt.
Sie fluchen ausgeklügelt auf ihre bunte Weise,
die die Bilderfluten möglich machen.
Gott, sei nicht taub und nicht farbenblind,
höre, was sie über mich sagen,
und wandle meine Sprachlosigkeit in Mut,
zu sagen: Unheilstifter mag ich nicht,
zu wissen: Dein Segen ist mein Schutz.
Nichts Übles wünsche ich ihnen.
Kein Fluch soll sie treffen.
Sie sollen sich an dein Gebot erinnern,
das die üble Nachrede nicht erlaubt.
Ganz kleinlaut sollen sie werden,
wenn die eigene Falschheit sie einholt.
Sie verachteten deinen Segen.
Sie sollen nun ohne ihn leben und erfahren,
wie grausame Unmenschlichkeit entsteht,
wenn dein Segen mißachtet wird.
Ich aber freue mich über dich, mein Gott.
Fluchen sie, so segne du.

110

Es geschieht
des Herrn Wort
unwidersprochen, unwiderruflich.
Wenn Gottes Wort laut wird,
wird es sichtbar und faßbar,
wird Ereignis und Weltgeschehen.
Es wird Tagesgespräch,
wenn er den beauftragt,
der sein Wort ausführen soll.
Was er, der sein Wort erfüllt, auch tun wird,
es bleibt Gottes Wort und Wille.
Den der Herr beruft,
wird trinken aus dem Bach am Wege,
sein Haupt wird er hoch tragen.
Aus des Herrn Wort,
aus der Quelle des Lebens,
wird er Kraft schöpfen.
Aus erster Hand zur Rechten Gottes
wird er seine Weisungen empfangen,
bis alle Welt auf sein Wort hört,
das Gottes Wort ist,
an dem sich die Geister scheiden.
Er wird die Welt richten
zu ihrer letzten Erfüllung
in einem Augenblick.
Unwidersprochen, unwiderruflich
geschieht das Wort
des Herrn.

111

Halleluja
möchte ich gern öffentlich singen
wie dein Volk Israel,
das zu deinem Tempel zog
und sich an die Schöpfung erinnerte,
die Werke, die du schufst,
die großartigen Taten, in denen
deine Gerechtigkeit sichtbar wurde,
die nicht vorherzusehenden Ereignisse,
die Wunder, die stets auf uns warten,
die nie vergessen werden sollen.
Halleluja singe ich,
weil die Werke deiner Schöpfung
immer deine Taten bleiben,
wie schändlich wir auch damit umgehen,
weil deine Gerechtigkeit
den Maßstab für unser Handeln setzt,
wie ungerecht wir auch handeln.
Dein unerwartetes Handeln,
deine überraschenden Wunder
geschehen auch dann unter uns,
wenn wir nur darauf warten
und nicht daran glauben.
Halleluja, lobt den Herrn.
Gottes menschliche Ordnungen
bleiben gültig und beständig.
Sie bewahren die vor Unmenschlichkeit,
die sich auf sie verlassen
und zu keiner Zeit
aus dem Gedächtnis verlieren.

Auf der Seite der Armen

112

Das muß ich laut sagen
und verschweige es nicht:
Die Menschen sind glücklich zu preisen,
die Gott fürchten und ihn achten,
die sich nicht vor anderen
und nicht vor sich selbst fürchten.
Die den Herrn und seine Weisungen achten,
werden große Freude haben.
Ihnen wird ein Licht aufgehen,
wenn sie Gottes Gebote lesen
und sich an seine Weisungen halten.
Menschen, die barmherzig sind,
die ihren Beruf ernst nehmen
und sich nicht über Gebühr bereichern,
die andere keinesfalls ausnutzen
und Gerede und wilden Gerüchten
keinen Glauben schenken,
die werden, wenn es ihnen schlecht geht,
mit Gottes Hilfe rechnen können,
sie werden auf Gott hoffen,
was immer geschieht.
Gott ist auf der Seite der Armen,
ob die, die Armut produzieren,
es wahrhaben wollen oder nicht.
Seine nicht zu ergründende Gerechtigkeit
bleibt auf der Seite der Unterdrückten.
Eines Tages stürzen die Gottlosen.
Dann preisen sich glücklich,
die bei Gott blieben.

Kein Anlaß zum Halleluja-Singen

113

Kein Anlaß, mein Gott,
zum Halleluja-Singen.
Eher sollten wir klagen und jammern.
Du holst Obdachlose zu dir,
setzt dich für die Armen ein,
und wir lassen das Heer derer anwachsen,
die buchstäblich auf der Straße liegen.
Du holst die Dürftigen aus dem Dreck,
während unsere reiche Welt dafür sorgt,
daß die Bedürftigen mehr werden.
Zum Halleluja-Singen also kein Grund,
wenn wir auf uns sehen.
Und doch,
lobt Gott, lobt seinen Namen.
Niemand ist wie er, niemand
vom Aufgang der Sonne bis zum Niedergang.
Er setzt sich weltumspannend für die ein,
die keine Stimme haben, wo immer es
in Nord und Süd, in Ost und West tagt.
Er holt Menschen, die seinen Willen tun.
Darum lobt Gott, lobt seinen Namen.
Wer Gott lobt, kann auch tun.
Du, Gott Israels,
wir preisen deine unfaßliche Größe.
Die außerhalb der Gesellschaft unfruchtbar
zusehen müssen, was geschieht,
denen gibst du Aufgaben,
damit alle Welt fröhlich wird.
Halleluja.

Er kommt und handelt

114

Gott ist König.
Seine Herrschaft steht fest.
Alles geschieht nach seinem Willen.
Seine Schöpfung achtet ihn und erschrickt.
Das Meer, das nicht sehen kann, sieht.
Es flieht und gibt gangbarem Boden Raum.
Das Wasser des Jordan wendet sich
und steigt den Berg hinauf.
Die Berge, sonst stetig und fest gelagert,
hüpfen wie junge Lämmer,
das geschieht, weil ihr Schöpfer selbst kommt.
Die unwägbaren, chaotischen Kräfte
weichen vor ihm zurück.
Dauerhaftes und Festes gerät in Bewegung.
Felsen werden zur Wasserquelle
und härtestes Gestein auch.
Gott ist König seines Volkes.
Er will Herr seiner Gemeinde sein.
Gott kommt und handelt.
Festgefahrenes setzt er in Bewegung.
Selbstverständlich ist bei ihm
das Unvorhergesehene.
Die Hoffnung auf ein Wunder wird bei ihm
Wirklichkeit.

115

Wo ist denn euer Gott?
so fragen, die uns belächeln,
die mit uns leben und uns bemitleiden.
Gott aber denkt an uns.
Sein Segen ist nicht weit, wenn er handelt.
Wo er ist, da ist der Himmel.
Die Erde vertraute er uns an,
uns und unseren Kindern, die nun fragen:
Was habt ihr mit dieser Erde gemacht?
Solche, die uns aber fragen:
Wo ist denn euer Gott?,
die vergötzen selbst Silber und Gold
und von Menschenhänden Gemachtes,
das auch Menschenhänden wieder entgleitet.
Es verselbständigt sich, verflüchtigt sich,
löst sich auf, verfestigt sich wieder
und erreicht doch das Leben nicht,
das dein Geheimnis, dein Wunder bleibt.
Die Dinge haben Sensoren wie
Augen und Ohren, Hände und Füße, aber
sie können nichts tun, nichts,
was Menschen ihnen vorher nicht eingaben.
Das Leben fehlt ihnen, dein Leben.
Sie laufen uns aus dem Ruder,
zerstören Leben auf dieser Erde, Leben,
das du gewollt und geschaffen hast.
Laßt uns Gott die Ehre geben.
Wir wollten uns einen Namen machen,
doch lange Schatten werfen
die Trümmer unserer babylonischen Türme.
Nicht wir haben einen Namen nötig,
die Ehre gebührt deinem Namen.
Wir loben dich.

116

Ich liebe dich, Herr.
Nein, ich liebe dich nicht,
wie der Mann eine Frau liebt,
oder die Frau einen Partner.
Ich liebe dich, weil du mir zuhörst.
Du horchst in mich hinein, wenn ich rufe.
Die Krankheit warf mich um.
Wenn auch die Schmerzen zu lindern sind,
so liefen doch die Tränen ungewollt.
Ich war dem Tode nahe.
Das Gespräch mit dir soll die Linderung
nicht verhindern, nicht überflüssig machen.
Du hörst, wenn ich unbeholfen stottere.
Wenn ich schwach bin, hilfst du.
Ich liebe dich, Herr, denn
du hast meine Seele vom Tode errettet,
du hast mir Widerstandskraft gegeben,
meine Tränen hast du getrocknet.
Du hast mehr getan,
als Ärzte zu tun imstande sind.
Mit Geld kann ich nichts aufwiegen,
nichts gutmachen, was ich an Hilfe erfuhr.
Was soll ich nur machen?
Ich weiß es.
Du führst mich aus dem Bann des Todes
in das Land der Lebendigen.
Ich werde weitererzählen, daß ich glaube,
werde Mut machen und
werde denen geben, die es brauchen.
Deinen Namen will ich ehren
im Vorhof des Landes der Lebendigen.
Ich liebe dich, Herr.

117

Lobt Gott,
der diese Welt schuf,
der die Menschen
zu Völkern machte.
Lobt Gott, alle Welt.
Erkennt seine Liebe,
baut nicht auf eure Wahrheit,
die undurchsichtig bleibt.
Rühmt Gott, alle Völker,
denn seine Wahrheit ist Leben.
Lebt von seiner Gnade.
Lobt den Herrn.

Gottes Güte nimmt kein Ende

118

Gottes Güte dauert.
Bedrängt war ich, hatte Angst.
Gott rief ich zu Hilfe und er half.
Seine Güte nimmt kein Ende.
Was können mir Menschen tun?
Sie können mir viel antun:
Flüchtende irren über weite Straßen.
Heimat wird Niemandsland.
Arbeitslose fallen durchs soziale Netz.
Apartheid und Rassismus sind mitten unter uns,
Ausländerhaß treibt giftige Blüten.
Wer Frieden will, ist Waffengeschäften im Wege.
Täglicher Terror produziert Gewalt.
Hilf, Herr, laß wohlgelingen ...?
Verlassen war ich und allein,
krank, müde, abhängig.
Leere Worte, die trösten wollten,
umschwirrten mich wie Bienen.
Der Herr hat mich geschlagen, aber
er ließ mich nicht sterben.
Er schenkte mir Leben.
Gottes Güte nimmt doch kein Ende.
Ich will ihn bekannt machen,
reden will ich von seinem Handeln, trotz allem,
was des Menschen Handeln in der Welt anrichtet.
Reden will ich vom Schutt verworfener Steine,
die er zum Bau seiner Gemeinde nutzt.
Der Eckstein ist darunter,
der Asylstein, Heil der Verfolgten.
Freut euch und seid fröhlich.
Gottes Güte dauert.
Danket dem Herrn.

119

Ich irrte auf der Erde,
gäbe es nicht deine liebevollen Gebote,
deine menschlichen Weisungen.
Sie hindern mich, unmenschlich zu werden.
Es bringt mich vor Sorge um,
wenn Menschen deine Gebote nicht achten.
Öffne mir die Augen, daß sie sehen,
wohin deine Wegzeichen führen.
Verstehen will ich den mir zugedachten Weg.
Einsichtig wird er durch dein vertrautes Wort,
das den Weg heimatlich macht.
Reden werde ich davon und nicht schweigen.
Menschen brachten mich auf die schiefe Bahn.
Sie rieten, Grenzen zu überschreiten,
die dein Wort menschlichem Leben setzt.
Ein Gast bin ich auf der Erde ... verletzt
wird ihre Gastfreundschaft nicht ungestraft.
Ich irrte lange, was mir nicht gut bekam.
Nun kann ich aufatmen, kann aufleben.
Dein Wort weist mich zurecht.
Die Grenzen deiner Gebote sind mein Heil,
deinen hilfreichen Ordnungen sinne ich nach.
Wenn ich doch nur mein ganzes Leben
in deinen Geboten leben könnte.
Doch bleibe ich der Erde verhaftet,
bin ihr verfallen, wenn du nicht hilfst.
Ich verstehe deine Mahnungen, wenn
deine Weisungen nicht beachtet werden.
Laß mich so leben, wie es dir gefällt.
Mach meine Schritte auf dieser Erde sicher.
Ich will mich nicht vertrösten
auf ein späteres Leben ...

Reden können sie alle gut

120

Ich schüttele den Kopf,
wenn ich mich schaudernd erinnere,
was vor Tagen geredet wurde,
wie allein gestern gelogen wurde.
Ich denke, ich hör nicht recht,
oder wurden die Augen vom Lesen blind?
Reden können sie alle gut.
Es fehlt ihnen nicht an Worten.
Für ihre Taten haben sie große Pläne.
Sie schwadronieren, was das Zeug hält,
aber es bleibt bei Worten.
Sie reden vom Frieden
und fangen Streit an.
Sie reden vom Frieden,
doch der Krieg geht weiter.
Herr, stopfe ihnen die Lügenmäuler.
Das Wort vom Frieden
laß in meinem Mund
zum friedlichen Wort werden,
das nicht verstummt.

121

Ich habe es nötig,
meine Augen aufzuheben, mein Gott,
sie von der Erde zu lösen.
Nicht kopfhängend laufe ich herum,
richte den Blick nach vorn, um Menschen
und um dich sehen zu können,
von dem allein Hilfe zu erwarten ist.
Auf meine Schritte muß ich nicht achten,
denn meine Füße läßt du nicht stolpern.
Du achtest auf meinen unsicheren Gang,
und ob deine Gemeinde in Bewegung bleibt.
Dein Schatten begleitet mich,
den deine überragende Gegenwart wirft,
die mich vor dem gefährlich stechenden Licht
des alltäglichen Funktionierens schützt.
Bei all meinem Tun möge sich deine Hand
wie ein Schatten auf meine Hand senken,
sie führen, um Leben zu gestalten,
sie hindern, Gutes zu unterlassen.
Wie der Nachtschatten möge deine Gegenwart
unter dem wachehaltenden Licht des Vollmonds
erquickenden Schlaf bringen,
damit ich Tag und Nacht behütet bleibe.
Gott beschirmt mich,
ob ich das Haus verlasse oder zurückkehre,
ob mir meine Pläne gelingen
oder ob alles ganz anders wird.
Er bewahrt mich auch,
wenn mir alle Aufgaben
genommen werden.

Wünscht der Stadt Bestes

122

In das Haus des Herrn
möchte ich gehen,
auch wenn es nicht Jerusalem sein kann,
möchte warten auf die, die zu mir sagen:
Wir gehen zum Gottesdienst,
auf die kommende Woche bereiten wir uns vor,
suchen dort den abwesenden Frieden,
suchen der Stadt Bestes.
Aber in der Stadt stehen Konsumtempel
und lassen deine Kirchen verschwinden.
Sie verbreiten ihr gleißendes Licht
und saugen die Leute an.
Ich warte auf die, die sagen,
daß sie zum Gottesdienst wollen.
Kommt dorthin, sagen sie.
Dort werden die Nachrichten des Tages,
die Katastrophenmeldungen und alle Sorgen
an Gottes richtendem Wort überprüft.
Dort wird der Friede für Jerusalem erbeten,
der Friede für die ganze Welt auch.
Frieden und Glück wünschen wir einander.
Aller Welt wünscht Frieden.
Wünscht um Gottes willen
allen das Beste.

123

Wir halten Ausschau nach dir,
erwartungsvoll wartend
mit deiner Gemeinde.
Die Augen suchen dich,
zu erkennen, was du tust,
suchen deine Hände,
deinen Willen zu erahnen.
Überdrüssig der Verachtung der Angeber,
leidend unter dem Spott der Besserwisser,
erwarten wir dich.
Worte fehlen uns.
Es genügt, zu sehen, was du tust.
Die Augen lösen sich
aus dem Sog der Alltäglichkeit.
Wir sehen dein Heil,
erkennen dein Erbarmen.

124

Wäre Gott nicht mit uns ...
Gott gibt die Erde, die er schuf,
sie zu bebauen und zu bewahren,
ein Stück Land, nicht vermehrbar,
wohl aber streitig zu machen.
Uns gehört kein kriegerisch erobertes
noch in guter Absicht erworbenes Land,
weder ein angestammtes
noch ein ererbtes Land.
Lauter Gründe zum Unfrieden,
die zu verlernen sind.
Gott gibt seinem Volk Land unter Völkern,
mit ihnen als Menschen zu leben.
Wäre Gott nicht, so sagt Israel,
Wasserfluten hätten uns verschlungen,
Menschen hätten uns in der Luft zerrissen,
leichte Beute in ihren räuberischen Zähnen,
verfangen in ihren heimtückischen Netzen.
Gelobt sei der Herr,
der Himmel und Erde schuf,
der uns befreite, der bei uns bleibt.
Gelobt sei er.

Die Vertrauenden

125

Vertraut ihm
unter allen Umständen.
Nichts ist wichtiger.
Dein Volk ist die Gemeinde derer,
die dir vertrauen.
Festgegründet wie die Berge,
so umgibst du, Herr, deine Gemeinde.
Die dich nicht wahrhaben wollen
und sagen, daß es dich nicht gibt,
werden verschwinden,
wie sie gekommen sind.
Sie werden keine Hoffnung haben,
keiner aus deiner Gemeinde
soll sie zum Vorbild haben,
keiner soll sich auf sie verlassen.
Geht nicht ihre krummen Wege,
die kein Ziel haben
und den Frieden gefährden.
Der Friede bleibe bei allen,
die Gottes Vertrauen
schützend umgibt.

126

Wenn wir frei sind
und sich alles ändert,
wenn die Gefangenschaft ein Ende hat
und Grenzen sich öffnen,
wenn die Gefangenschaft der Seele
dem befreiten Lachen Platz macht,
wenn Schritte wieder ausgreifend werden
und das Gefängnis der Krankheit
seine Bindungen abschüttelt,
dann werden wir wie träumend sein.
Lachen und jubeln werden wir
und nicht wissen, wohin mit der Freiheit.
Wir sagen:
Dank sei dir, Herr.
Befreie, die noch gefangen sind,
heimatlos in der Fremde,
fremd in der eigenen Heimat.
Wende das Schicksal derer,
die gefesselt sind an Leib, Seele und Geist.
Froh sind wir, Hand anlegen zu können,
auch Träume zu verwirklichen,
wenn du hilfst.
Wir säten Tränen und ernteten Freude.
Weinend zogen wir unseren Weg,
doch hielten wir uns an dich.
Jetzt läßt du uns jubeln.

Sonst bleibt's umsonst

127

Ob ihr ein Haus baut
oder eine Arbeit verrichtet,
ob ihr die Stadt plant,
große Werke im Auge habt
und alles absichert, so gut es geht,
es bringt nichts,
wenn Gottes Segen fehlt.
Früh aufstehen ist gut.
Ausgiebig arbeiten ist auch gut.
Es bringt nichts, wenn ihr nicht schlaft
und auf Gottes Segen hofft.
Denn nichts könnt ihr ohne ihn tun.
Arbeiten und schlafen gehören zusammen,
und der Tag beginnt mit der Nacht.
Kinder sind Leben und Zukunft,
sind Leben aus Gottes Hand,
sind Zukunft von ihm, euch anvertraut.
Wenn es Zeit ist, werden sie handeln
und das Wort führen.
Sie werden bauen und planen,
früh aufstehen und sorgen,
werden schlafen und arbeiten,
werden selbst Gottes Segen erbitten,
weil sonst alle Mühe
umsonst bleibt.

Ein Lichtblick

128

Heil und Segen
allen, die Gott fürchten,
Trost den Mutlosen und denen,
die nichts kennen als Arbeit
und Sorgen um die Familie.
Wohl denen, es soll ihnen gut gehen,
denn nicht Reichtum allein
ist erstrebenswert,
sondern der Hände Arbeit,
die uns aber zu entgleiten droht,
die weniger wird durch Rationalisierung,
überschattet von Arbeitslosigkeit.
Auf das soziale Netz allein ist kein Verlaß,
und die Familie gerät aus den Fugen.
Gesegnet sollen dennoch sein,
Mut sei denen zugesprochen,
die nach Gottes Weisungen leben,
das Menschenmögliche tun,
die Partner ihrer Kinder sind,
miteinander alt werden
und zusammenbleiben wollen.
Der Herr ermutige und segne euch.
Nicht scheel seht auf andere.
Die Kinder eurer Kinder mögen
ein Lichtblick sein,
wenn es geht.

Der Segen des Herrn

129

Die Feinde Israels
haben von Anfang an
Israel bedroht, bekämpft, geplagt.
Sie zogen Striemen auf seinen Rücken.
Noch heute bedrängen sie Gottes Gemeinde.
Wenn sie hochmütig vorübergehen,
sollen sie nicht hämisch höhnen:
Na, kommt auch der Segen des Herrn?
Im Hals steckenbleiben
soll ihnen solch falscher Wunsch.
Sie wissen nicht, was sie sagen.
Endlich einsehen und erkennen sollen sie,
daß Gott immer bei seinem Volk ist
und für seine Gemeinde
Segen bereithält.

130

Ich rufe zu dir
aus weiter Entfernung,
ja, aus der Entfremdung,
aus der Tiefe, rufe zu dir
mit verwehender Stimme und hoffe,
daß du mich dennoch hörst,
daß du dein Ohr an den Rand
der tiefen Grube legst, aus der ich rufe.
Ich kann und will meine Schuld
nicht weiter benennen.
Sie ist da, und du weißt,
daß ich mich von dir entfernte.
Mir bleibt nichts, als zu warten
auf deine Vergebung.
Ich warte, wie Wächter
auf den Morgen voll Ungeduld warten,
warte auf den tagenden Morgen,
der den unruhigen Schlaf ablöst.
Ich warte auf deinen Morgen,
der mir die lösende Vergebung bringt.
Bei dir ist die Gnade,
die die Sünde abwischt,
wie Kreide von der Tafel gelöscht wird.
Vergebung ist bei dir,
die mich von meinen Fehlern löst
und aufleben läßt.

Israel baue auf Gott

131

Herr, ich bin alt
und dennoch geborgen wie
ein Kind bei seiner Mutter.
Ich bin nicht eingebildet,
und große Dinge
strebe ich nicht mehr an.
Es ist, wie es ist:
Ich sehe noch,
doch nur bis zum Horizont.
Ich höre noch
und höre dir gern zu.
Ich rede noch
und frage dich am liebsten.
Die Füße gehen noch,
wenn auch kleine Schritte.
Meine Hände tun und greifen
und möchten begreifen.
Israel, du kleines Volk
unter den Völkern,
baue auf Gott.

David und die Bundeslade

132

Erinnere dich, Herr,
was David für dich tat.
Den geraubten Kasten brachte er zurück,
der dein Gesetz aufheben sollte,
das Zeichen deines Bundes mit Israel,
deiner Gnade Zeichen.
Wir sind nicht von Geburt dein Volk,
mit dem du den Vertrag schlossest,
einen Bund für immer und ewig,
wie kein Bund sonst
zwischen Völkern geschlossen wurde.
Du hast David gesegnet.
Durch seinen ohnmächtig mächtigen Sproß
läßt du uns teilhaben an deiner Gnade
und an deinem menschlichen Gesetz.
David brachte die Feinde in dein Haus,
damit auch wir teilhaben können
an deiner Weisung, an deiner Gnade.
David aus dem Stamm Isais,
ein Vorfahre des Sohnes nach deinem Herzen,
der schöne Jüngling und Hirte in Juda,
der tapfere und der sehr grausame Krieger,
David, der König und Ehebrecher,
den Gott erleuchtete, und ein Mörder,
der Sänger und Architekt Israels.
David, begnadet und schuldig zugleich,
gebrauchst du für deine Pläne des Heils,
die wir nur ahnen können.
Du, Herr, bist nicht fern,
du wohnst unter uns mit deiner Gerechtigkeit.
Segne uns mit deiner Speise,
und den Armen gib Brot.

Das unteilbare Erbe

133

Als Geschwister
eine ungeteilte Erbschaft,
ein ungeteiltes Erbe
im Frieden bewirtschaften
und in Eintracht
als Brüder und Schwestern
miteinander wohnen, ist schwer.
Wohltuend, wenn das geschieht.
Gott wird seine Hand im Spiel haben.
Ist darum so viel Streit
in deiner Gemeinde,
weil uns ein unteilbares Erbe erwartet,
ein unteilbarer Besitz,
den wir einander nicht gönnen?
Ich frage dich, Herr.
Ach daß doch dein Segen
jede Erbschaft begleiten möge
wie eine Vorübung
zum Leben.

134

Auf, auf,
lobt ihn jeden Tag.
Ein Segen, daß es Gott gibt.
Lobt ihn auch nachts,
damit das Gotteslob
rund um den Erdball nicht aufhört.
Segen ruft auf alle herab,
was immer auch
beim Handaufheben geschieht.
Der Bestand der Welt
braucht das ständige Gebet
zu dem, der die Himmel
und die Erde schuf.
So segne euch Gott.

135

Heute wie damals
lobt den Namen des Herrn.
Nichts spricht dagegen.
Er schuf die Himmel und die Erde.
Götter, Weltmächte und Wirtschaftskräfte
und alles, was Menschen verehren,
woran sie ihr Herz hängen,
was ihnen Furcht und Schrecken einjagt,
alles wandelt sich und vergeht,
nichts hat Bestand vor ihm,
dessen Ruhm die Jahrtausende überdauert.
Von alters her schafft er Recht seinem Volk.
Er ist gnädig seiner Gemeinde,
führte Israel aus Ägypten,
das uns seine Taten und Wunder erzählte.
Er ist der Maßstab,
der uns in der Zeit neuzeitlicher Gottlosigkeit
Botschaft und Orientierung ist.
Wir haben einen Mund, Gott zu loben
und Unrecht anzumahnen.
Augen haben wir, seine Güte zu sehen
und Unmenschlichkeit wahrzunehmen.
Seine Botschaft hören wir mit Ohren,
die fähig werden, die tausend Stimmen
des Alltags ordnend zu unterscheiden.
Lobt Gott,
in dessen Namen seine Gemeinde handelt,
der er weiten Raum gibt,
seine Weisungen anzunehmen,
zu sehen seine unerwarteten Taten,
seine Botschaft weiterzusagen,
heute wie damals.

Ewig währt seine Güte

136

Danket dem Herrn,
denn er ist freundlich.
Ewig währt seine Güte.
Danket dem Gott aller Götter,
dem Herrn aller Mächtigen,
der Unerwartetes tut.
Ewig währt seine Güte.
Himmel und Erde schuf er,
der Tag und Nacht machte,
Sonne und Sternen ihren Lauf gab.
Ewig währt seine Güte.
Aus Not und Arbeitsfron befreit er,
der Mächtige machtlos macht,
der Grenzen öffnet.
Ewig währt seine Güte.
Er läßt durch Wassermassen gehen
wie über festes Land,
sicher führt er durch Wüsten.
Ewig währt seine Güte.
Die Zeit der Not begrenzt er,
der Land gibt wie Heimat.
Ewig währt seine Güte.
Wasser gibt, den Durst zu stillen,
der Speise hat zum Leben.
Ewig währt seine Güte.
Danket dem Herrn.

Ausländer waren sie

137

Wie matter Glorienschein
hinter Nebeln strahlt,
so leuchtete die unerreichbare Heimat
je länger, je leuchtender.
So blieb Jerusalem im Gedächtnis,
der niedergerissene Ort der Nähe Gottes.
Nun waren sie Ausländer,
lästig, arbeitsam und geschätzt.
Sehnsuchtslieder sangen sie von Zion,
fröhliche Lieder, dem Heulen nah,
weil es die wollten, die sie entführt hatten.
Ergötzen wollten sich die Aufseher
an ihrer Traurigkeit.
Und Gott schien weit.
Fremde waren sie im fernen Land.
Die Zunge klebte am Gaumen,
zu Liedern kaum noch bereit.
Doch Gott bleibt in der Nähe,
auch wenn Jerusalem zerstört
und der Ort der Anbetung fern ist.
Gott ist kein Ausländer und kein Aufseher.
Seine Nähe ist dauerhaft an jedem Ort.
Er ist Heimat für alle,
die an Babels Flüssen weinen,
die fremd sind im eigenen Land,
für alle, die sich sehnen.

138

Gott, ich danke dir
von ganzem Herzen.
Den Zufällen danke ich nicht
und lobsinge nicht dem Schicksal.
Dir danke ich, dem Einen,
dessen Handeln die Zufälle steuert
und dem das Schicksal gehorcht.
Als ich dich rief, erhörtest du mich.
Du gibst mir Kraft, durchzuhalten,
wenn ich müde werde,
auch wenn sich mein Rücken beugt
und der Blick an der Erde klebt,
auch wenn ich hoffnungslos verzagt bin,
wenn sich Angst ausbreiten will.
Selbst Könige und Minister
und die Wissenschaft achten deine Größe.
Sie mögen dein Vorhaben erkennen,
haben die Macht,
den Zukurzgekommenen zu helfen
und denen Hoffnung zu geben,
die in den Fängen der Angst sind.
Dir, Gott, überlasse ich meine Sache,
denn deine Güte und Übersicht
sind nicht auszumessen.
Laß das Werk deiner Hände
nicht im Stich.

139

Deine Gedanken
kann ich nicht zählen.
Ihre Summe ist größer,
als ein Rechner sie erfassen kann.
Das Gewicht deiner Gedanken
ist schwerer und gewichtiger
als der Erdball und alle Sonnen.
Begreifen kann ich sie nicht.
Ich kann sie annehmen oder verwerfen,
dankbar sein oder mich ärgern.
In Not und Unglück aber
ist selbst die äußerste Finsternis
hell wie der lichte Tag
und die Nacht wie sonnendurchflutet.
Du kennst meine Gedanken,
auch die noch ungedachten,
die noch nicht zu Ende gedachten,
die erwünschten, die erträumten Gedanken.
Du kennst sie, bevor sie verschwinden
oder in Tun umgesetzt werden.
Dir kann ich nicht entfliehen.
Ob ich den Ursprung der Schöpfung suche,
ob mich das Ende der Welt erschreckt,
immer holst du mich ein.
In deinen Gedanken war ich,
bevor ich geboren wurde.
In deinem Gedächtnis werde ich bleiben,
solange ich heraufziehende Tage erlebe.
Ob ich tue, was ich denke?
Lieben will ich und nicht hassen,
verstehen und nicht verabscheuen.
Prüfe mich, Gott.

Wehre den Bösartigen

140

Ein Mensch bin ich,
von Menschen gejagt, sitze in der Falle,
von böswilligen Leuten gestellt.
Ihr Plan liegt mir wie eine Schlinge
um den Hals.
Sie lassen mich zappeln
wie einen Fisch an der Angel.
Sie streiten und sinnen Böses.
Mit spitzer Zunge und bösem Maul
verbreiten sie lügenhafte Gerüchte.
Jeden Tag sehe ich verstörte Menschen,
verängstigte und fliehende Frauen,
Kinder, die brutale Menschenschinderei
noch nicht durchschauend,
hilflos ausgeliefert verbrecherischen Plänen.
Tagtäglich höre ich von Gewalttätern,
die alte Bindungen zerstören,
Familien auseinanderreißen
und sprengen, was zusammengehört.
Herr, du starker Helfer,
wehre den Bösartigen,
gib ihnen nicht, was sie wollen.
Laß denen, die Übles planen,
die eigenen Pläne zur Falle werden.
Auf dich ist Verlaß.
Du bist auf der Seite der Hilflosen,
dem Ohnmächtigen verschaffst du Recht,
so hoffe ich.

Ich muß dich sprechen

141

Herr, ich muß dich sprechen,
muß dich dringend sprechen.
Ich muß an mich halten,
muß mir selbst den Mund verbieten,
wenn ich andere reden höre.
Worte sind zu schade für solche,
die nur den eigenen Vorteil im Sinn haben.
Du mußt mir den Mund verschließen,
mußt den Schlüssel an dich nehmen,
damit keine unbedachten Wörter entschlüpfen.
Ein Wächter gehört vor meinen losen Mund,
der nicht genug bewacht werden kann.
Wenn mir auch vor Ärger
die Galle überläuft, wenn ich wettern möchte
gegen Schieber, gegen Friedensstörer,
gegen Völkermörder und Unterdrücker,
so soll dir doch das Recht bleiben,
sie durch ihr eigenes Handeln
zu bestrafen.
Herr, meine zornigen Worte
mußt du zurückhalten,
wenn ich von korruptem Handeln lese
und höre, wie menschenverachtend
in aller Welt Kriege geführt,
wie Flüchtende vertrieben werden.
Herr, enttäusche mich nicht.
Von Untaten will ich mich fernhalten
und überlasse es dir, Untäter zu strafen.
Antworte mir durch dein Handeln.
Deine Taten lehren mich,
dir zu vertrauen.

Du kümmerst dich um mich

142

Verzweifelt bin ich,
beängstigend ist meine Lage.
Sie belastet mich zentnerschwer.
Die Stimme versagt mir,
knapp wird die Luft zum Atmen.
Sie preßt meinen Schrei heraus.
Im tiefen Loch sitze ich
und weiß nicht, Herr,
ob dich meine Stimme erreicht.
Hinterlistig verlegte Schlingen
säumen meinen unübersichtlichen Weg.
Wie abgeschnitten bin ich von allem,
keiner kümmert sich um mich.
Niemand richtet meinen Lebensmut auf.
Zerstört liegt er am Boden.
Meine Sprache versagt,
kaum daß sie die Klage aussprechen kann.
Not, Bosheit und Gerüchte verfolgen mich,
Einsamkeit macht mir angst.
Herr, höre mich,
heb mich aus dem Loch der Trauer,
stell mich auf die Füße, rette mich
vor denen, die mir übel mitspielen.
Wehre den Katastrophen.
Du kümmerst dich um mich.
Im Kreise der Freunde
will ich dich preisen.

Ich bin ganz sicher

143

Ich muß dir nicht sagen,
wie es um mich steht,
wie schleppend meine Füße sind.
Du, mein gerechter Gott,
antworte auf mein drängendes Gebet.
Nach Gerechtigkeit sehne ich mich
in diesem Land der Ungerechtigkeit,
dem ich nicht entfliehen kann,
dem ich ausgeliefert bin.
Herausfordern möchte ich
deine Gerechtigkeit, damit du es nicht
zum Prozeß kommen läßt,
den ich verlieren muß.
Herauslocken möchte ich deine Gerechtigkeit,
wenn es nur ginge.
Ausgetrocknet ist mein Gemüt.
Zu Boden geschlagen bin ich.
Ich bin am Ende, fast bin ich wie tot.
Kein Ziel ist zu sehen,
denn unklar sind die Wegzeichen
an der Wegscheide.
Ich stehe und warte, daß du mir hilfst.
Denn du bist doch mein Gott.
Ich will lernen, was du vorhast.
Was dir gefällt, will ich tun.
Dein guter Geist macht unwegsame Wege
wieder gangbar.
Ich bin ganz sicher.

Du läßt Pläne gelingen

144

Gelobt sei Gott,
der auf meiner Seite ist,
der meine Pläne gelingen läßt,
der mich lehrt, mit Menschen umzugehen,
der mich anleitet, zu überzeugen
und Unzuverlässigkeit nicht zuzulassen.
Du bist mein Maßstab, meine Korrektur,
auf die ich mich verlassen kann.
Wenn meine Pläne mißlingen,
bist du der verläßliche Ort,
von dem aus ich wieder beginnen kann.
Denn was ist der Mensch?
Nichts bin ich, ein Hauch nur,
dessen Zeit wie ein Luftzug verweht.
Wenn meine Pläne zu nichts führen,
mach die Sorgenberge sichtbar,
zünde Gedankenblitze, die Nacht zu erhellen.
Wie Pfeile schicke deine Worte aus,
die den Mund derer stopfen,
die unnützes Zeug reden,
gefährlich genug, Unfrieden zu säen.
Die aber Frieden bringen,
die die Waffen in ihrer Hand zerbrechen,
laß das Lied der Zwietracht vergessen.
Es soll das neue Lied
des Friedens gesungen werden,
das den Lärm der Straßen übertönt.
Die es können, werden in deinem Namen
Arbeit bereitstellen und Brot für alle.
Wohl dem Volk, dem es so ergeht.

145

Je sorgloser wir
mit deiner Schöpfung umgehen,
je unbarmherziger
Menschen mit Menschen verfahren,
je mehr hungernde Blicke
auf Speise zur rechten Zeit warten,
um so mehr bist du zu loben,
der seine Schöpfung nicht im Stich läßt.
Gütig und barmherzig bleibst du,
der Speise im Überfluß bereitstellt
und uns unsere Schuld vergibt.
Du bist der einzige König,
dessen Name Name ist,
von dem allein Gutes zu erwarten ist,
der grenzenlos und unausforschlich sorgt.
Aufgesogen werden deines Reiches Grenzen
von Güte und Barmherzigkeit.
Alle Vergangenheit und Zukunft
sind vereinigt in deinem Augenblick jetzt,
in dem alle Zeit aufgehoben ist.
Kinder und Enkel preisen deine Wunder
und unerwarteten Taten.
Du hörst denen zu, die dich anrufen.
Laß uns nicht vergessen,
daß aller Augen auf dich warten.
Du gibst denen deine Hand,
die auf deine Hilfe hoffen.
Dein Reich komme,
und vergib uns
unsere Schuld.

Besseres weiß ich nicht

146

Auf dieser Erde
ist auf niemanden Verlaß,
nicht auf Parteien
oder Versicherungen,
nicht auf Regierende
oder Arbeitgeber,
nicht auf Gewerkschaften,
nicht auf Stars.
Sie sind sterbliche Menschen.
Solange ich lebe, will ich Gott loben.
Besseres weiß ich nicht.
Er machte die Himmel, die Erde
und das Meer, alles Leben ist von ihm.
Er ist meine Hoffnung, meine Hilfe,
auf meiner Seite ist er.
Er hilft Außenseitern und Hungernden,
Gefangene befreit er.
Fremden gibt er Heimat
und macht uns Blinde sehend
für Not und Gewalt, Unrecht und Ohnmacht.
Du, der Herr, liebst Gerechtigkeit.
Auf dich ist Verlaß
in Zeit und Ewigkeit.
Besseres weiß ich nicht.
Halleluja.

147

Gottes Lob zu singen
ist für die wichtig und schön,
die seine Spuren lesen und deuten können,
die in seinen Spuren die Richtung finden.
So sammelt er seine Gemeinde.
Den Standort in dieser zerrissenen Welt
legt er fest und bebaut ihn.
So baute er damals Jerusalem,
den Ort, wo sich Israel sammelte.
So baut er heute seine Gemeinde,
die zusammenkommt, sein Lob zu singen.
Er macht alles gut,
läßt Sterne in großer Zahl blinken,
damit sie Orientierung geben,
richtet Jahreszeiten so ein, damit
Mensch und Tier genug zum Leben haben.
Wir aber versuchen,
alles nach unseren Wünschen zu steuern,
und bringen Unordnung in seine Ordnung.
Gott kann sich nicht dafür begeistern,
daß wir die Muskeln spielen lassen.
Wenn uns der Teufel reitet
und wir gegen dich, Gott,
die besten Pferde einsetzen
und gegen Menschen eiserne Schlachtrosse,
so hast du daran keine Freude.
Macht des Herrn Wort bekannt,
lebt nach seinen Weisungen,
seinem Gebot und seinem Recht.
Bescheidet euch,
lest seine Spuren,
lobt ihn.

Lobt ihn allesamt

148

Boten und Sonden sollen
das All und das Nichts erforschen,
die Sterne nach Lichtjahren messen.
Doch diese mahnen durch ihr Dasein:
Lobt den Herrn, der uns schuf.
Die Erde wird erforscht
mit ihren Ufern und Gebirgen,
Meere und ihre Tiefen werden ausgelotet
und was in der Luft, im Wasser und am Boden
fliegt und schwimmt und wächst.
Alle mahnen durch ihr Dasein:
Lobt den Herrn, der uns schuf.
Erforscht die Himmel, ergründet die Erde,
aber stört die Ordnungen nicht,
die er setzte, denn die Schöpfung ruft:
Lobt den Herrn.
Hagel schickte er und Feuer vom Himmel,
Stürme und Strahlen aus dem All,
Blitze, Schnee, den Regen und Nebel,
Donner und die große Flut,
euch zu warnen und zu sagen:
Lobt den Herrn.
Lobt ihn, dessen Name Name ist, in dem
die Namen der Schöpfung enthalten sind.
Die Machthaber und ihre Völker,
die Präsidenten und Richter, Männer,
Frauen, die Kinder und jungen Leute
sollen ihn, den Herrn, loben.
Die Geschaffenes mit ihrem Verstand
erforschen und ergründen
und die Gemeinde, die ihn liebt, sie sagen:
Lobt den Herrn.

Singt nicht das uralte Lied

149

Singt nicht das uralte,
singt dem Herrn ein neues Lied.
Niemand singe überheblich
auf den Lippen das Lob Gottes
und in den Händen
ein zweischneidiges Schwert,
bereit zum grausigen Rundumschlag,
zu Vergeltung und Rache.
Singt, wo die Gemeinde zusammenkommt,
lernt Weisheit und maßvolles Handeln
und überlaßt die Rache dem Herrn.
Er hat die große Übersicht.
Alle wird er gerecht richten,
Machthaber und Könige,
Generäle und Volksverführer,
Völker und Völkermörder.
Es bleibt allein seine Sache,
ob das strafende Schwert
seine vernichtende Sprache spricht,
oder ob Gott aller Welt gnädig ist.
Ehrt ihn, der gerecht ist.
Setzt Instrumente ein und alle Künste,
um hörbar und sichtbar
Gottes Lob in die Gemeinde zu tragen.
Er hilft den Gedemütigten,
und die auf seiner Seite stehen,
begeistert er.

Seine Größe ist nicht auszumessen

150

Lobt Gott,
alle, die ihr loben könnt.
Lobt ihn im Himmelsraum,
auf der Erde, auf dem Meer
und in der Gemeinde.
Seine Größe ist nicht auszumessen.
Seine Wunder, erhofft, doch nicht geglaubt,
kann jeder nur staunend erfahren.
Lobt ihn mit Pauken und Trompeten,
spielt ihm mit Geigen und Gitarren,
mit lautstarkem Schlagzeug
und gellenden Pfeifen,
mit brausender Orgel und mit Chorgesang.
Lobt ihn mit Stimmen,
hell und klar und strahlend,
dunkel oder zittrig und ungenau.
Tanzt und bewegt euch, so gut ihr könnt,
auch wenn die Füße lahm sind.
Lobt Gott alle.
Halleluja.

Der Psalter.

CL.

Biblia/das ist/ die gantze Heilige Schrifft Deudsch.

Wiedergabe
aus dem Faksimile
der ersten vollständigen
Luther-Bibel 1534